崩溃边缘

TO THE BRINK OF DESTRUCTION

AMERICA'S RATING AGENCIES AND FINANCIAL CRISIS

美国的评级机构与金融危机

TIMOTHY J. SINCLAIR

[新西兰] 蒂莫西·辛克莱——著

张文韬 郭茁芊——译

上海人民出版社

献给欧文(Owen)和西蒙(Simon)

推荐序

信用评级机构“既非金融市场中的交易机构，也不参与任何金融交易，既不提供融资，也不接受存款”，但它在金融市场中却举足轻重。随着各类债券、固定收益证券等证券化工具的融资逐步增加，对银行融资形成部分替代，各种金融创新层出不穷，结构性金融产品日益复杂，投资者对信用评级进行决策的依赖性增强，因为后者自称能够提供“最优秀的专业判断”，并“兜售判断未来的专家公信力”。

不幸的是，信用评级机构从未在历次金融危机中有效展示其预估未来的能力。恰恰相反，其公信力一再被滥用，以至于 2007 年全球金融危机中，投资者指责信用评级机构背叛了投资者对其的信任，为了多收取一些债券发行人的评级费用，虚标了以房产贷款为基础资产证券的信用评级。美国的穆迪投资者服务（Moody’s）、标准普尔（Standard & Poor’s，后更名为标普[S&P]）和惠誉评级（Fitch）一直处于国际债券评级市场的中心位置，号称三大国际信用评级机构。它们掌握着国际金融市场的重要话语权，其评级结论影响诸如主权国家或企业等发行主体在市场的认可度，进而影响其债券发行难度和发行成本。“国际评级机构对全球各类改革努力近乎神奇的免疫力。”2006年，美国的立法者曾试图立法，对其实施改革。2008年再次制定《多德—弗兰克法案》，最终都无疾而终。而一些新兴市场经济国家乃至一些发达国家均愤怒地指责国际信用评级机构利用话语霸权，恶意贬低其主权信用评级，对其金融发展和金融稳定造成危害。然而，即使历经2001年安然公司(Enron Corporation)财务欺诈的失察和2007年全球金融危机的困扰，信用评级机构却仍然“继续占据华尔街和全球金融体系的核心位置”。恶名昭著，却依然雄踞全球信用评级霸主地位，就在所难免会引起学界的关注。

十五年前，笔者曾研究信用评级机构在金融危机中的角色、诱因与解决之道，后来因将关注重点转向危机的救助而未能持续下去，但因20世纪90年代在中国诚信证券评估公司的任职经验而对这一问题格外关注。英国华威大学的蒂莫西·J.辛克莱教授倾力研究信用评级多年，对于近二十年来多起大型国际金融风险事件中的信用评级因素进行了深入分析。他对评级事务的了解不亚于业界，对于信用评级的认识深刻而独到。对信用评级的分析并非像解码银行内部的信息处理过程那样解码信用评级的信息处理过程。在金融危机的形成中，信用评级机构更像是咨询顾问，偏离了保持客观地位的市场中介和裁判人角色，向债券发行人提供满足现金流评级条件的建议，指导拟定金融交易文件的条款，对结构性金融产品的设计提供建议。同时，高度复杂的金融衍生工具的不透明性和关联性更是加剧了信用评级机构对复杂事件中精准预测特定因素的难度，加上对偿债现金流的追索权判断失误，以及利益冲突的道德风险，信用评级机构对2008年全球金融危机的形成起到了关键作用。

长期以来，对信用评级机构的商业模式可能产生的利益冲突存在争议，毕竟评级机构的收入的确来自债券发行人等融资主体为评级所支付的费用。而关于改进信用评级的讨论都放在如何放缓金融创新与发展，通过加强立法与金融监管来约束评级行为，如加强对评级机构提供的信息的法规性约束。然而，仅仅将改进信用评级之道放在加强监管、防范道德风险上远远不够，也不完全符合金融市场的现实。是金融市场制度本身的缺陷，而非贪婪和道德风险更可能诱致系统性金融风险。“金融危机是内生的，由市场本身造成的，而非外生性的。”辛克莱教授的这一见解可谓石破天惊。进而推论，信用评级在金融市场中的地位和作用何尝不是内生性的，而非外生性的？这一见解为实质性地认识和管控金融危机，改进信用评级在金融市场中的地位与作用提供了独特而根本性的解决思路。然而，时隔多年，美国金融市场既未建立起新的分析模型，构建新的信用评级商业模式，也未对金融市场的内在结构加以审视，建立新的国际信用评级机构，更未建立、健全新的金融市场规则，完善金融市场制度。

2007年8月底回国前，笔者在华尔街的欢送晚宴演讲中也曾指出，全球性金融危机远非利益驱动的从业者贪婪无能所能解释的，也非加强金融监管，建立新的金融抑制所能消除的；需要从完善金融市场制度，改变财政支出结构，开展结构性改革，消除结构性矛盾着手才有可能从根本上解决问题。否则，各种延缓危机的金融救助措施只会进一步扩大债务规模，透支货币信用，彻底实现财政的货币化，激化社会矛盾，导致民粹化，造成地缘政治冲突与国际战略竞争。不幸的是，诚如辛克莱教授所言，所有对市场系统性、结构化改革的讨论都被边缘化了，人们笃信“金融体系本身并不是问题所在，只有与金融发生交互的人类机构（包括评级机构）才是问题所在”。如果不能使信用评级机构回归市场裁判的客观角色，立足于投资者保护，平抑市场波动，金融市场改革就只会是缘木求鱼。

辛克莱教授将惠誉在国际信用评级市场的出现作为诸多弊端的症结之一，称假如没有惠誉，“评级机构还能与结构融资产品保持合理的距离，评级市场或也不至于发展成这般模样”。其理由是市场上只为标普和穆迪留出了足够的利润空间，使其不必为了几两碎银而偏离操守。辛克莱教授的这一推论似乎有些令人费解。实际上，市场中巨大的利益并未阻止各类金融机构加强自律，有效规避道德风险。纵使有多个评级机构出现，市场仍在向头部评级机构集中。投资者对评级机构权威性的认可，即所谓评级对使用者的效用水平最终反映在评级机构在市场份额的集中度上。评级的声誉具有典型的排他性，而利益自然也将归于优势的一方。这种优势应通过市场竞争形成，而非人为地设障来构建。

在信用评级市场中，商业竞争是永恒的。总不能将信用评级机构压到全球只保留一两家机构吧？如果没有足够的信用机构参与市场竞争，既有大型国际信用评级机构恐怕会出现寡头垄断，以及话语垄断问题。20 年前，笔者在参与东亚地区讨论金融时，就多次讨论设立新的区域性信用评级机构问题，以打破欧美三大评级机构的话语霸权。这一构想率先在上海合作组织地区付诸实践，虽然后来效果并不理想。其实，信用评级中的问题不完全是机构间竞争造成的，更重要的是它们取酬的方式问题。如果评级机构与评级对象之间存在利益关联，那么就很难从制度上切断彼此之间的利益链，从而导致其逆向选择，与评级对象关系过于密切，甚至为其满足监管条件提供咨询建议，还主动调整评级方法，等等。若要实行真正意义上的改革，就必须由此着手。类似的利益冲突也存在于审计等中介机构，当年安达信在安然丑闻中的尴尬也是源于此痼疾。若监管部门或交易所从发行费用中提取一定比例后再支付给信用机构，便可使其与被评级主体脱钩，迫使彼此之间的利益链脱钩，回归其真正的中介地位，确保其客观、中立的专业评级，规避评级机构的道德风险。

由此可见，信用评级的问题既有制度性因素导致的评级机构中立性问题，也有评级方法的局性问题，还有精准判断的复杂性问题。尽量消除制度缺陷，完善评级方法，不断改进评级水平，才能有效提高信用评级的专业性和市场的认可度，更好服务各类投资者和发行主体。

无可否认，张文韬等翻译的辛克莱教授这部力作《崩溃边缘：美国的评级机构与金融危机》不失为近年来研究国际信用评级与金融危机的佳作，对于深入分析金融危机的形成机理与防范，以及信用评级在金融危机中的作用机理大有裨益。张文韬毕业后居港多年，投身于国际信用评级领域，不仅收获诸多经验，而且对信用评级的研究同样收获颇丰。我们有理由期待他未来对金融市场改革与信用评级发展的研究将有更多的建树。

中国社会科学院研究员、博士生导师

国家开发银行学术委员会委员

曹红辉

2023 年 5 月 14 日谨识于北京太阳宫寓所

译者序

尊敬的读者朋友：

“如获至宝”，是译者多次翻读本书后的真实感受。

译者于国际信用评级领域工作已十余载。最初携初生牛犊不怕虎之勇投身其中，此后一路经历不胜枚举的风雨沉浮，成绩和遗憾皆有之。此番奇特的经历让译者与本书产生了强烈的共鸣，激发了译者翻译本书以进一步思考且助力推广的愿望。

国际信用评级机构在如今的国际资本市场上仍然掷地有声，闻名遐迩。但是，光鲜的背后是围绕着充斥利益冲突的商业模式（或信用评级信息生产供给模式）永无休止的争议，以及国际评级机构对全球各类改革努力近乎神奇的免疫力。如何在国际评级的生产供给模式上推陈出新，克服系统性顽疾以实质提升国际评级的效能表现，实为摆在我辈国际评级业者面前的重大命题。然而，随着对2007年金融海啸记忆的日渐远去，此类深刻反思在国内外都在退潮。无论人们喜欢与否，当前的国际评级体系似乎又一次在遭到口诛笔伐后以“既定操作”被接受了下来，以“有缺陷的最佳可用选项”(Flawed Best Available Option)合理化之的声音时有耳闻，且有意无意地削弱了人们深入探究存在于国际信用评级体系中那些本质性的、结构性的问题的意愿。

眼下的国际政治经济局势已不可逆转地驶向未知水域深处，这必然带来信用秩序和观感的变迁，金融风险开始以新的发展逻辑和表现形式粉墨登场，大规模金融危机恐怕也已在酝酿之中。在此背景下，国际评级体系改革成果的乏善可陈遗憾且危险，沉重的系统性代价或已埋下伏笔，这一切都值得我们深刻反思检讨并未雨绸缪。本书长于对国际评级体系生态的深刻描绘和剖析，具有详实的第一手访谈和文献资料。更令译者赞赏的是，辛克莱教授勇于对一些已深嵌于国际信用评级监管体系的“良善概念”发出质疑之声，比如“竞争”“透明度”等，以监管目标达成为根本依归指出了这些概念的缺陷。借此，译者希望本书能够为利益攸关者提供参考，利借镜他史以致远。

本书作者为英国华威大学的辛克莱教授，他长期致力于国际评级研究。于2021年，译者有幸结识辛克莱教授，并在其指引下开始了本书的翻译工作。辛克莱教授曾表示，此书汇集了他三十年来在国际评级领域的研究和思考成果，言语中不乏自豪之情。遗憾的是，辛克莱教授于2022年5月不幸逝世，未能见到本书的中文版问世。但愿此书中文版的出版，能告慰辛克莱教授的在天之灵。

我要感谢我的家人，他们对我一年多来将大量业余时间投入本书的翻译给予了莫大的支持和鼓励。感谢本书的翻译伙伴郭茁芊老师，若非您的投入、专业和包容，此译作的面世恐更需时日。

我更要感谢本书读者的青睐，尽管译文受到译者学识、眼界和文笔造诣的局限，且国际信用评级及全球监管相关内容更属窄门，但我衷心希望您也能同有“如获至宝”之感。

另外，由于翻译原因，本书详实的参考文献或不易直接检索。如果读者有意获取相关资料，或希望对国际信用评级相关问题进行讨论，欢迎通过电子邮件(tzhk2022@sina.com)联系译者。

张文韬

中国香港

2023年5月14日

序　言

本书成稿凝聚本人三十年来对美国评级机构的思考、讨论和论文著作。初提笔时，我并没有充分意识到评级在全球金融体系中日益增加的重要性。如果真如我所料，未来长期趋势是从传统银行放贷向资本市场的转变，那么穆迪、标普和惠誉这三大评级机构会在金融体系中主导越来越多的判断。

很多学者可能毕生仅有极少数的机会发表自己对研究课题的观点。但如果对某一问题能够长久地思考，观察变化并修正想法，那么对于充分理解则大有裨益。我是一个很幸运的研究人员，因为我有机会能够对愈加重要的课题进行持久的调查研究。自第二次世界大战结束以来，在若干金融市场和相关政治领域，最为灾难性的事件中都能见到评级机构的身影，所以我希望以对评级机构的研究再次成书能为读者提供一些价值。

现已年久失修的纽约西村西11街的拉奇蒙特酒店（Larchmont Hotel）见证了本书的撰写过程。成稿时，我充分利用了布莱恩公园旁边纽约公共图书馆的罗斯阅览室。以这里为基地，我前往包括金融区在内的各地进行实地考察。图书馆当时设立了学者专用会议室。我就在此组织了会议，并围绕本书进行头脑风暴。

我在纽约、巴黎和伦敦的实地考察得到了英国科学院（British Academy）和利弗休姆小型研究拨款（SG131031）的资助，在此对英国科学院和利弗休姆信托表示感谢。加里·费希尔（Gary Fisher）对资助申请提出了很好的建议。杰基·克拉克（Jackie Clarke）帮助我从华威大学政治与国际研究学院获得了资金。吉尔·佩维（Jill Pavey）在管理这些资助方面为我提供了很大的帮助。

感谢穆迪公司的瑞安·门辛（Ryan Mensing）、珍妮特·霍姆斯（Janet Holmes）、奈杰尔·菲普斯（Nigel Phipps）和尼古拉·弗莱明（Nicola Fleming）；非常感谢标普评级的凯瑟琳·J.马西斯（Catherine J. Mathis）、贾扬·德赫鲁（Jayan Dhru）和詹姆斯·维姆肯（James Wiemken）的宝贵时间与见解。在惠誉，我非常有幸在 2014 年和 2020 年与伊恩·林内尔（Ian Linnell）多次面谈。虽然疫情期间组织诸事繁琐，但伊恩的行政助理乔安娜·里奇·西姆斯（Joanne Ridge Sims）专业而周到地安排了所有工作。我与曾供职于穆迪的杰蒙·方斯（Jermone Fons）进行了详谈，他当时在克罗尔债券评级公司（Kroll Bond Rating Agency）工作。我在纽约还与 CreditSpectrum 的安·拉特利奇（Ann Rutledge）见过几次面，获益良多，她以前也是穆迪的员工。另一位穆迪前员工比尔·哈灵顿（Bill Harrington）多次和我分享他的锐见。我还与戴维·利维（David Levey）讨论了本书中的一些问题，戴维于 2005 年从穆迪退休，曾担任主权评级部门的董事总经理和联席负责人；他在创建穆迪国家信用分析方法中发挥了核心作用，是一个极具洞察力和智慧的人。在巴黎，欧盟证券与市场管理局（ESMA）的拉奎尔·德·朱利安·阿塔霍（Raquel de Julian Artajo）、纳迪亚·埃尔·加尔比（Nadia El Gharbi）和蒂埃里·塞森·卡拉奇（Thierry Sessin Caracci）邀请我到管理局参加了一次午餐会。

在思考本书中的一些观点时，我与巴特·帕顿（Bart Paudyn）、后藤文人（Fumihito Gotoh）、朱莉娅·门尼洛（Giulia Mennillo）和吉内夫拉·马兰多拉（Ginevra Marandola）进行了长谈。巴特于2011年访问过华威大学。后藤文人是我以前的博士生，现在成了同事。他在东京的信用研究行业工作了25年，我们合作发表了一篇关于日本评级的文章。2019年1月在华威大学举办本书的手稿研讨会时，后藤博士是研讨会主持人。我与朱莉娅撰写过一篇关于评级规则的文章，她有关评级的书是评级机构政治经济学方面极好的入门读物。马兰多拉博士和我共同撰写了一本书的一章，其中借鉴了她关于信用评级和餐厅评级之间相似之处的一些深刻思考。她曾于罗马第二大学（University of Rome Tor Vergata）攻读博士学位，其间于2012—2013年度访问华威大学，她当时提醒我注意《多德—弗兰克法案》的一个关键部分已被废除；本书也对此进行了讨论。华威大学研究生托比亚斯·霍法思（Tobias Hoffarth）是我研究方面的得力助理，帮助我收集评级监管方面的信息。

我的同事马修·克莱顿（Matthew Clayton）在两个非常重要的方面为我提供了帮助。每当我对措辞犹豫不决时，他总是能为我提供指点，让本书的行文更具说服力，也增加了阅读意趣。2019年1月在华威大学举行的手稿研讨会就是他建议我组织的。

手稿研讨会上，我们用了数小时检查初稿。杜伦大学的保罗·兰利(Paul Langley)教授、伯明翰大学的彼得·伯纳姆(Peter Burnham)教授，以及华威大学的同事本·克利夫特(Ben Clift)、克里斯·克拉克(Chris Clarke)、尼娜·博伊(Nina Boy)、约翰尼斯·佩特里(Johannes Petry)、后藤文人、伊恩·皮里(Iain Pirie)、鲁本·克雷默斯(Ruben Kremers)和法比安·佩普(Fabian Pape)，都发表了各自的看法并提出了问题。还要感谢保罗分享了关于我开车的故事。这次研讨会对写作过程至关重要，我感谢所有参与的同事和挚友。我推荐其他作者也举行这种手稿研讨会，当然了，脸皮得厚些。

本书内容总结了我近年来撰写以及合作发表的论文、在大学或机构的公开演讲及学术报告，包括在日内瓦高级国际关系学院、汉诺威"作为全球挑战的金融危机"研讨会、卡尔顿大学、利兹大学、埃尔福特大学、吉森大学、约克大学、哥本哈根商学院、伯明翰大学、谢菲尔德大学以及隆德大学。

在2013—2014年，我是谢菲尔德大学谢菲尔德政治经济研究所的访问学者，这需要感谢托尼·佩恩(Tony Payne)促成此行。我要感谢谢菲尔德大学校长科恩·兰贝茨(Koen Lamberts)，他在华威大学工作时我结识了他，我还要感谢华威大学副校长克里斯·休斯(Chris Hughes)，他曾是政治和国际研究系主任。如果没有他们的鼓励和帮助，本书很可能永远无法问世。

感谢罗杰·海登(Roger Haydon)，他是当代最为卓越的社会科学编辑之一，是我能想象到的最给人鼓舞、最严格的编辑之一。和我的第一本书相比，但愿本书对他来说编辑难度低了一些。当我在对手稿进行最后的润色，即将付梓时，罗杰从康奈尔大学出版社退休。他培养了几代年轻学者，对社会科学领域的学术研究产生了巨大影响。人们非常怀念罗杰对相关领域的深刻理解和殷切指导。在这家出版社,我还想感谢为编辑和制作部门准备手稿的埃伦·拉巴特(Ellen Labbate),以及从罗杰那里接手“金钱”系列的艾米丽·安德鲁(Emily Andrew)。

写作期间,埃里克·赫莱纳(Eric Helleiner)给了我温和的鼓励和一针见血的评论。我还要感谢匿名评审的同行和编辑委员会,他们在我的写作过程中为我提供了很多有价值的想法,提升了本书的质量。

我的儿子亨利(Henry)和妻子妮科尔·林德斯特伦(Nicole Lindstrom)以各种各样的方式帮助了我。亨利坦言道,生活里有比写书更重要的事情,写作不能替代踢足球、玩游戏和骑自行车。按照他的建议,我在新冠疫情的封城期间买了一辆自行车,这还是我自1985年以来第一次骑车。我和妮科尔讨论了本书涉及的一些关键问题,进一步优化了手稿。他们对我的帮助远不止这些,我对家人感激不尽。

我在新西兰的一个小镇长大,成长过程中,叔叔欧文·F.普赖尔(Owen F. Prior,出生于1928年)和他的儿子西蒙·D.普赖尔(Simon D. Prior, 1954—2013)是我在敬业精神和公民责任上的榜样。普赖尔家族是医生世家,欧文叔叔是第二代,西蒙是第三代;现在已经传承到了第四代;他们将科学知识、仁爱之心、幽默和务实的新西兰生活方式高明地结合在一起。谨以此书献给他们。

蒂莫西·J.辛克莱

英国约克

目　录

为什么评级机构不惜赌上自己的特权地位?还打破了在华尔街机构中历经十几年才建成的体系和惯例?发生这种情况的背景是金融去中介化。金融去中介化刺激银行投身于证券化融资。住房抵押贷款支持证券为银行提供了更高的回报率,同时依然具有较高的信用评级的诱人场景。

评级机构失败了,但评级机构并没有消亡。穆迪、标普和惠誉仍然在资本市场上呼风唤雨、获利甚丰。这些被指控行为严重不端、能力不足任事、腐败触目惊心的机构,是如何继续存活下来的?评级机构苟活日久,而其他涉事机构早已灰飞烟灭,两者之间有何不同?

政治家、监管机构、专家、金融或非金融媒体的评论,都旨在抓出坏人、恶棍。正如在评级机构与金融危机身上见到的,类似全球金融危机如此复杂、大型的失败事件而言,认定坏人是具有情绪纾解作用。聚焦了坏人,就为公众和业界的愤怒提供了一种"排解"渠道。

全球金融危机已经过去十多年了,评级机构是否从这一次的经历中吸取了教训? 未来几年,会出现一个新的、更具反思性的评级行业吗? 这个新的评级行业会成为那些尚未问世的极端金融创新形式的解药吗?

简　介　1

信用评级机构的故事是一场关乎金融体系崩溃的悲剧。在金融市场，信用评级机构占据着特殊地位：亿万投资者依仗他们出具独立、客观的评估。然而，评级机构背弃了投资者的信任……最后，整个金融系统岌岌可危。

——2008 年，美国众议员亨利·A.韦克斯曼(Henry A. Waxman)

自 1930 年以来，2008 年的全球金融危机最为严重，机构失能和政府救助也引发了强烈的民愤。正因如此，你可能会认为，为了防止危机重演，很多涉嫌引发金融危机的机构没有关门大吉，也至少经历了大刀阔斧的改革。

不过，这么想就错了。贝尔斯登(Bear Sterns)的确作古了，雷曼兄弟(Lehman Brothers)也已崩解了。但是，房利美(the Federal National Mortgage Association，简称“Fannie Mae”)、房地美(the Federal Home Loan Corporation ，简称“Freddie Mac”)、绝大多数

的银行，以及美国的信用评级机构却基业长青，不仅继续霸占着华尔街和全球金融体系的核心位置，而且一成不易。尽管被讽为“金融解崩的关键齿轮”，评级机构的商业模式却在历经危机后依旧故我，他们的信用分析工作亦无二致[1]。他们没有被新的机制取代，其重要性反而与日俱增，甚至超越了金融危机前的地位。

自 20 世纪初以来，穆迪投资者服务(Moody's)、标准普尔(Standard & Poor's，后更名为“标普”[S&P])和惠誉评级(Fitch)一直处于债券市场的中心位置。近几十年来，资本市场债务融资的低廉成本动摇了以银行为中心的企业融资的传统定位，催发了银行业的金融创新浪潮，也为这场始于 2007 年的全球金融危机埋下了祸根。评级机构在这场大戏中扮演了重要的角色，大多数人似乎认为评级机构为了能向债券发行人多收一些费用，虚标了以房贷为底层资产的债券的信用评级。本书旨在探究评级机构究竟做了什么，又是如何洗刷金融危机留下的污名的。

评级机构就像个“恩尼格玛”(Enigmas)密码机。许多人认为能像对待银行和其他金融机构那样“破解”评级机构，但事实证明，这做不到。评级机构不是金融机构，他们业务的核心不是以金融交易获利：他们不提供融资、不接受存款，也不参与交易。评级机构的业务是观测未来，就偿债可能性向潜在的投资者提供判断。要做到这一点，他们必须考虑所有相关的偿债条件、债券发行人的偿债能力和偿债意愿(确保资金会被用于偿债而非挪作他用)。

评级机构兜售的是判断未来的专家公信力——一个牵一发而动全身的特质。但即使事后评级被证明无法有效预估未来，评级的使用者也仍然可以辩称他们倚赖的已是市面上最优秀的专业判断。这一点，与“以收益论英雄”的金融交易反差很大。

后　果

毫无疑问，在没有军事冲突，也没有像新冠肺炎那样的大流行病，或是饥荒的情况下，这场始于2007年的金融危机已赫然名列21世纪全球大事之林。银行先是倒下了，然后得到了政府的救助。而政府为了救银行，自己也变得负债累累。自2008年9月15日雷曼兄弟倒闭后的几个月里，即使是拥有最佳信用的借款人也很难筹资。各国政府考虑了各种选项来应对金融危机。全球化转眼已呼啸奔驰二十载，而西方政府此番对金融市场的救援行动实为1930年以来所未见。

这场危机让人们对金融机构产生了恐惧和敌意。2009年全球贸易低迷时，系统性变革似乎有过一线曙光。中国和美国的刺激措施逐步拉动了全球贸易和经济增长。对于美国和欧洲所犯的错误的反思，的确催生了进行全面改革的呼声。但是，嘴上功夫并不值钱。

当时有很多对引导政策和市场机构的意识形态框架的质疑，但批判最终未能动摇它们。未必因为现行框架已完美无瑕，而是自20世纪80年代的撒切尔和里根政府时期起，其他思考市场的框架就被边缘化了。金融危机后，公众并没有被激发如何审视金融的思维变革，没有建立配套的新生机构，也没有谨慎筹划结构健全的市场规则；反而，人们基本都在思考如何“放缓”和“抑制”金融，希冀通过增加监管来规范金融行为。

此类“应对”方式，在评级机构身上展现得淋漓尽致。对于评级机构的未来，当时有很多备选方案：包括建立新的国际评级机构、建立新的商业模式，以及建立全新的分析模型。结果，我们得到的却是加强监管、立法约束评级行为，以及针对评级机构提供的信息加强法规要求。尽管评级机构牢骚抱怨，但业务模式并没有变化，它们依然自主决定评级过程，欧美政府在内的外界均无法实质干涉。评级机构的确被金融危机惩戒了——各界批评之声不绝于耳，屡被要求责躬省过。不过如第五章的讨论内容，评级机构稳如磐石，赚得盆满钵盈。如今虽然监管多了些，但是评级机构的自主权不比金融危机前少，地位不比过往低。

糟糕、糟糕、糟糕

和评级机构一样，2007 年爆发的金融危机至今也是个“恩尼格玛”。时至今日，许多人认为自己早已对金融危机谙熟于胸了。一双双眼睛盯着“糟糕机构里的坏人的恶行”[2]，因为金融机构贪婪，又因为借款人未能尽职作为，钱被贷给了根本无望还债的人。金融危机的部分责任被归咎于贷款买房的人。贷款给次贷申请者本身就是个错误，这些人或是信用记录不良，或是已身处窘境（比如失业），早已无法以正常或优先利率获取贷款。一旦他们的按揭还款开始出问题，整个金融系统就停摆了。

银行（无论何种类型）也很糟糕。银行和其他发放房贷的机构本不应该贷给次贷借款人；政府给房利美和房地美（二者为政府信用公司）提供隐性支持，默许了次贷放款。基于次级贷款上的金融创新实在是太多了，出现问题也不可避免——这如今已是常识。一旦人们意识到美国的住房价格不会无止境地上涨，次贷糊的纸牌屋便轰然坍塌。资产的毒性越来越高，或已无法在市场上转手。金融机构的资产负债表充斥着有毒资产，最终必须依靠纳税人的支持*才能避免倒闭，而政府的救助措施进而激发了公众对政治和银行体系的强烈不满。

由此看来，从金融危机萌芽阶段起，评级机构就扮演了关键角色。评级机构的本职工作是就未来还本付息的可能性公正评判。然而历史上，评级机构谬误百出，其中最恐怖的失误莫过于它们对2001年破产的安然公司（Enron Corporation）的评级，对于安然系统性的财务造假，评级机构彻底失察。对于金融创新，评级机构罪在愚笨迟钝。现有观点认为，评级机构和房贷机构、投资银行和次贷借款者一样，贪婪无能且敷衍塞责。[3]

评级机构的收入来自债券发行人为评级所支付的费用。按照这个逻辑推演，无论评级的标的为何，评级机构都会有强烈的动机给出正面的评级。这种业务模式在很多人看来存在着利益冲突，因为这些债券的发行人是评级费用的支付方，而这些发行人通常都希望得到最高的评级。[4]

人们普遍认为，评级机构为这些由次贷支撑的债券授予的评级是虚高的。次级借款者的收入水平低、稳定性差、抑或是曾有财务

---

* 通过政府救助措施。——译者注

违约的记录。很多人认为由次贷支撑的债券被评为“AAA”难以理喻，给出如此高的信用评级也必然折射了评级业务的严重腐败。[5]

传统观点认为，评级机构已不再提供公正的意见。它们与当时房地产市场的活跃玩家一样，都在追求收入最大化。而一旦人们意识到这些评级是虚高的，华尔街的危机就爆发了，因为这些彼此进行着金融交易的华尔街金融机构，已不再相信它们手中的金融产品。

最近，迈克尔·刘易斯（Michael Lewis）等敏锐的观察家聚焦于这些事件的戏剧性和情绪性上，对金融危机的一些关键机制进行了深入调查。[6]通过他们的工作，更多的人开始认识到，复杂金融工具的不透明性和关联性，正是这场华尔街危机的罪魁祸首。

一个不同的视角

为了进一步理解评级机构所扮演的角色，本书对这场始于2007年的金融危机的起因提出了不同的视角。[7]相比于常见叙事，本书所提供的金融解释的不同之处在于：我认为金融市场危机即便不是日日频发，也必是常态。人们不应该把金融危机理解为反常的、外生的，而应是内生的、由市场本身造成的。大多数对全球金融危机的传统理解的问题在于，把金融市场当成了某种能够自我调节，且永不失败的乌托邦。因此，这些观点没有考虑金融市场危机的内生属性。传统观点认为，金融危机之所以发生，只是因为有人做了恶事、非法的事，或者金融机构存在一些缺陷或“问题”，也许政府也有份。在这种视角下，金融危机外生于市场，反映了市场之外的问题，但金融危机不能归罪于市场。

有人作恶，机构崩溃，政府无力，但这些并不是导致全球金融危机的核心原因。对资产收益的永恒追求是金融市场的关键特征，正如 2000—2001 年科网泡沫破灭（dot-com bust）后的那几年，美国市场利率低迷，于是资本开始寻找新市场、新方式，以期获得更高的回报。历史上，这个逻辑曾多次引导资金从富国流向能提供更高回报的新兴市场。但是，这些伴随资本流动的政治不确定性却带来了问题，因为那些地方的“偿债意愿”总是有些捕风捉影。

但是这一次，对收益的追逐并没有导致资本外溢他国，而是围垦了美国本土市场的金融创新。这种金融创新与美国按揭融资市场的风险管理有关，所谓风险管理，就是将抵押贷款的违约风险从贷款人的账本上转移出去，此操作名唤“资产证券化”。证券化让贷款人把车贷、信用卡贷和住房抵押贷等流动性差的资产转化成流动性强、可交易的债券。这种操作强化了贷款人的资产负债表，他们也因此能向购房者提供更多的贷款，并创造新的金融资产（如抵押债务凭证 CDO）可供金融机构交易，而这也为投资银行提供了进行跨市场买卖套利的机会。[8]受到低利率环境下人们对投资回报渴求的驱动，结构融资市场很快地达到了约 10.7 万亿美元的规模峰值。2006 年底时，全球金融市场的总价值为 138.4 万亿美元，其中结构融资所占的份额已将近 10%，而只有 7 000 亿美元是由次贷支持的债券（包装为 RMBS，即住房抵押贷款支持证券）。[9]尽管与次贷相关的债券金额相对较低，但 RMBS 以及由次贷打包而成的 CDO，却成了一本万利的金融创新，吸引了众多金融市场的参与者。这些产品回报更高，信用评级也更高。

金融市场终于找到了收益点,亢奋也裹挟了证券化产品。和历史上的金融荣景时期一样,比如 20 世纪 20 年代佛罗里达州的房地产繁荣期,市场上总会冒出一些对资产质量的质疑,并导致市场出现间歇性恐慌。2007 年春天,市场上出现了一些尚属温和的次贷违约的消息,而市场的反应却比预期负面得多。

随后,一系列的报道,包括信用评级机构宣布要修订评级方法,启动了一个转变过程:开始加速,然后速度越来越快,最后亢奋演变成了恐慌。在贝尔斯登的两个次级抵押贷款基金清盘后,2008 年初,这家金融巨头被以巨大的折扣价出售给了摩根大通(J.P. Morgan)。2008 年 9 月,雷曼兄弟破产了,随后政府救助了美国国际集团(AIG)。这些事件一步步推高恐慌情绪,金融资产突然变成了所谓"有毒资产"。

虽然像其他机构一样,评级机构中也不乏作恶之人,但评级机构渎职的实质性证据在调查中乏善可陈。一切似乎总是行礼如仪,但实际情况更为堪忧。

评级机构的"贡献"

评级机构至少对金融危机有"三大直接贡献",桩桩件件都拨弄着危机的启动开关。第一,评级机构应该如何将"对未来的预估"纳入信用评级?在进行评级时,评级机构不可能简单假定信用的"终极审判"迫在眉睫,而是要正常且合理地预估未来。如果评级机构总是假设信用的"终极审判"马上要降临,在其他条件不变时，基本上所有的评级结果仅能是投机级别。当然，若非美国政府出手，2008—2009 年的金融海啸已是无比接近“终极审判”了。金融危机爆发前，评级机构对未来的预期与市场基本一致——马照跑、舞照跳。当时它们授予的评级的确考虑了周期性经济衰退，也结合了过去几十年的公司债评级经验；但是评级机构没有预判到2008 年的金融危机影响竟然如此深远。金融海啸证实了这个错误：评级机构总是假设未来情况总体保持不变，也低估了变化的程度。但在此判断上，许多企业和政府机构的错误也半斤八两。预测未来难，而预测未来事件中的特定要素则难上加难。

评级机构第二项“贡献”是一个诡异的事实：评级机构实际并非评价底层金融资产的信用质量，换言之，它们没有对 RMBS 的基础抵押贷款进行信用评估。尽管大多数人总是默认评级机构是有在评价住房抵押贷款，但是其真正评价的对象却另有所在：对偿债现金流的追索权。这背后的逻辑依据是，追索权可以依法通过信托结构实现明确分层，而信托机构则会根据资产分层对追索权进行管理分配。因此，上层债券投资人会享有优先现金流追索权（在借款人偿还贷款后，持有优先级债券的债务人有权利优先拿到还款），这也是为什么最高优先级的债券分层被评为“AAA”级。评级机构认为，即使较低层级的债券发生违约，“AAA”级别的债券也会偿付。然而随着金融危机的发展，违约率逐步恶化，所谓信用保护结构最终被证明不可靠。这也再次证明了评级机构犯了错误。

第三项“贡献”是，评级机构自身的角色定位发生了偏离；本书深入探究这一转变。2000 年，穆迪成功上市，公司定位也随之变化了。一般性的解释是，评级机构只是在单纯逐利，所以倾向于给出高评级结果，从而赚取高额费用。这一“贪婪论”进而演化出了“利益冲突论”，关注了评级业务模式。核心在于，因为评级费用是债券发行人支付的，所以评级机构乐于给出虚高的评级以满足客户。但是，正如前文所述，自20世纪60年代末以来，评级机构与债券发行人之间的利益冲突便已然存在，为什么却在2007年突然发生剧变？虽然“利益冲突论”广受推崇，但对这一问题并没有给出合理的答案。

我认为，评级机构彼时的角色已不再是裁判，而是咨询顾问。20世纪时，评级机构的核心功能曾是提供不掺杂私利的建议，从而在债券市场上扮演裁判或法官；这与审计师的角色相似。而今，评级机构开始给发行人提供建议，指导拟定金融交易文件条款的技巧，以及其所需要的评级级别对应的现金流门槛。正因评级机构开始对金融工具的构建环节提供建议，“独立裁判”的地位也化为乌有了。评级机构没有保持与发行人之间的必要距离，这让评级机构无法预判金融危机，其对底层资产信用质量的审查能力也被大大削弱，最后导致市场对评级机构的判断能力产生了质疑。对评级机构而言，对其传统角色的本质偏离是个灾难性的错误。

三个谜团

我在本书中探讨了三个谜团。第一个谜团是：危机前，为何评级机构会选择拿自己的评级特权玩火？金融机构出错是正常的，基本上每家机构都会犯错,这并不稀奇。但是让人无法理解的是,评级机构几乎是在“明知故作”地破坏自己立足于市场的价值——至少外部人士会如此认为。评级机构主动选择为客户提供结构融资产品的设计建议,帮助它们获得理想的评级结果,至此评级机构已经把职业操守抛之脑后了。评级机构的主动指导行为破坏了自己的独立公正形象,被指摘有失偏颇。然而,公众的批评声浪仍聚焦于在评级机构的内生性的利益冲突:收发行人的钱,然后为“衣食父母”授予评级。但为什么评级机构要拿自己的特权根基冒这么大的风险?为什么它们没有意识到此等行为是自取灭亡?百十年来评级机构都秉持了坚定的保守立场,为什么会突发剧变?

第二个谜团是:2008 年金融危机影响的深度和广度惊人,而各方也都在指摘评级机构,批判它们是金融危机的始作俑者之一,还让危机引发的巨大波澜雪上加霜。但既然如此,评级机构何以仍若无其事地存在着?它们向发行人提供金融产品设计建议,这样的行为已经公然损害了评级的正义性,可是评级机构却免于安然事件中安达信的命运(2002 年安然公司申请破产保护,安达信作为百年审计事务所的信誉毁于一旦,只能退出审计业务)。事实上,金融危机后,评级机构不仅发展蓬勃似锦,更在 2010 年的欧洲主权债务危机中再次显现了其强大的影响力。为什么评级机构总能历劫危机却毫发无伤,没有被取缔、被取代呢?未来,评级机构又应该在哪些方面作出改善,才能回归客观、逆周期的角色,立足于投资者保护的公众利益,发挥出平抑市场波动的作用?

最后一个谜团则是关于一种理解金融危机的方法论,我称之为“外生法”。虽然乔纳森·科什纳(Jonathan Kirshner)发现在美国市场之外已出现某些“新的思维异端”[10]，但“外生法”依然主导对全球金融危机和评级机构角色的阐释。但是考虑到金融危机的规模和严重程度，并参考大萧条后的学术讨论：一般可能认为主流、主导性的讨论应该是去对金融危机进行系统性剖析，并考虑金融的何种内在特质导致了金融危机。然而，在2007年的金融危机中，对金融本身的批判性观点并没有形成。受指责的不是银行业，而是银行家。揪出了受指责的个人，而放过了处于金融核心的体制、机构和社会关系。类似在老西部电影里，只要解决了坏人，所有的罪恶就会烟消云散。如今，“外生解释法”仍是主流观点；这也在持续影响着市场对于评级机构在金融危机中所扮演角色的看法。这种“纾解”过程关乎评级，因此本书也对此进行了探讨。

两个论点

为什么这些评级机构宁愿拿自己的评级特权冒险，也要转向咨询角色，直接告诉债券发行人需要什么，帮助它们拿到更好的结构融资产品的评级？既然保守主义心态早已在评级机构里根深蒂固，是什么扰乱了一切，打破了它们在华尔街得以生存百年的体系和习惯？这些问题值得我们深思。这里有个重要的时代大背景：金融市场的去中介化，即借款人直接通过资本市场募资，而不是通过银行获得贷款。[11]去中介化还促使银行本身也走上了结构融资的道路，住房抵押贷款支持证券（RMBS）为银行贡献了更高的回报，而这些产品上还贴着高信用评级的诱人标签。

但是在结构融资业务上，评级机构为什么乐于拥抱新角色呢？甚至冒着破坏其存在根基的风险？对此我的论点是，安然事件后，评级机构已无法断定自己的评级业务未来仍会平安无虞。金融创新层出不穷，评级机构不知道未来还会遇到什么天灾人祸。[12]在这种情况下，它们过去的商业逻辑似乎已过时。那时穆迪还做过一次市场调研，以图了解彼时市场对于穆迪和评级的看法。它们当时也许有机会选择坚守阵地，甚至还可能变得更加保守；但它们没有这样做。相反，它们主动做出了巨大的改变，最后甚至面目全非。

惠誉的崛起加剧了这种不确定性。曾经的评级市场被两强垄断，如今因惠誉而成了三足鼎立。在新的竞争格局下，三家评级机构都对市场份额变动极度敏感。在穆迪和标普垄断市场时，这两家无论如何都会有业务可做，因为市场惯例要求债券要有两家机构的评级。而今，市场上多了一家惠誉，特别是如果发行人认可惠誉的评级业务，那穆迪和标普可就要丢业务了。如果惠誉没有发展成美国评级市场的“三大”之一，那也许评级机构还能与结构融资产品保持合理的距离，评级市场或也不至于发展成这般模样。

我的第二个观点和评级机构的“幸存”有关。虽然评级机构在金融海啸中败得灰头土脸，但它们不仅未像安然公司和安达信一样关门大吉，却反而财运亨通。评级机构的“幸存”可能多少有些戴罪立功，或是自我救赎的意味，但是无论外界如何看衰它们，评级机构仍然经久不衰，这一点十分值得玩味。面临行为严重不当、失能和腐败的指控，这些评级机构是怎么活下来的？跟那些作古的金融机构相比，它们有什么“幸存秘籍”？评级机构的“幸存”对于市场而言是好事吗？评级机构的“幸存”是因其战略定位恰好很重要，还是对市场而言不可或缺，抑或是全靠它们自己长袖善舞的上下运作？若评级机构仅得益于市场某种功能性的刚需，那么时间一长市场也应该会出现新的评级机构并带来变革。即使市场对评级机构是“不满但默默承受”，那么也一定会有人去寻找替代方案。近些年，许多实体书店因无法适应商业模式的剧变而逐渐没落，评级机构也可能会逐渐发现自己的角色在被销蚀。不过，如果评级机构的“幸存”是因为自己积极主动寻找出路，那它们的前景也许会更光明一些。

我认为评级机构的“幸存”有两种可能的解释。第一种涉及“系统内平衡”。尽管我们认为评级机构存在诸多问题，但在评级一事上尚未出现更优的选择。另一种可能的解释与三大评级机构长期的主导地位有关。尽管针对评级机构的批评声浪一度山呼海啸，美国和欧洲的监管当局也开放了评级市场以求变革，但自金融危机爆发以来，头部评级机构穆迪、标普和惠誉可没有让位于规模较小、知名度较低的同业机构。我认为，三大评级机构旷日持久的主导地位反映了评级界的某种必然性，即某些机构的观点会比其他机构更有分量。若我们认为评级对投资者具有某种重要性或权威性，那么这种“偏见”对于评级机构来说就是至关重要的。市场份额的高度集中也反映了评级对使用者的效用。声誉是排他的，利益是既得者的。[13]

一个辅助性的论点

我的最后一个观点恐怕更难铁口直断，所以在本书中仅作为辅助性观点。这个论点探讨了危机的"外生法"的长盛不衰:无数的政客、监管机构、专家、媒体的讨论焦点都在于抓出坏人、恶棍,而对于金融危机中的评级机构也是如此。对这种现象最好的理解是:这是对以金融危机这样的复杂、大规模制度性失败的一种"纾解"。只要抓出坏人,社会大众和业内人士的愤怒情绪就有了宣泄出口。我提出这个论点,但是我并没有暗示评级机构无责。我认为,对于像金融创新这样的"大势",大多数人很难对其抽丝剥茧,同时可能会指责金融市场本身有问题。我还认为,类似批斗坏人这种"创可贴"式的局部性操作可能是为了维护公众信念,以降低对某种更宏观的"体系"或"秩序"的一致性和合法性的破坏。"纾解"策略把关注点放在看似外生的机构身上,提供了具体且明确的箭靶,使人们更加聚焦"它物之罪",而非金融市场本身。严格来说,评级机构不属于金融机构,而是专业的服务性公司。评级机构更像律师事务所和会计师事务所一样,都是为金融行为赋能的专业服务公司。将评级机构视为外部或外生性机构,其实强化了一个观点:金融体系本身并不是问题所在,只有与金融发生交互的人类机构(包括评级机构)才是问题所在。

方　法

三十年前,评级机构的学术研究文章主要由商学院的金融经济学家主导书就。他们的研究目标通常是评级要素,目标是帮助债券发行人获得更好的评级,从而降低融资成本。这些研究通常会将评级视为技术性工作，或者至少会认为评级应该是技术性工作。[14]这种观点认为信用评级是有对错之别的，就像安装火花塞或仰泳的方法可辨对错一样。

但事情若真这么简单就好了。事实证明，以这种方式理解信用评级会出现失真。监管机构在应对评级机构这个“英尼格玛机”时常收效甚微，这毫不意外。大多数看待信用评级的方式是静态的，是以解决问题为导向的，所以着眼于系统特性。在研究固定事物时，应用静态的方法是合理的，比如汽车发动机的系统。静态的方法的确可以解决很多实操问题，比如设计一座房子，或是设计一台食物搅拌机，因为它们都可以将系统特性视为固定不变的。

但在研究评级机构时，我们则需要采用另一种方法。我们需要将评级机构与这个世界的社会属性结合起来看，因为社会性世界比自然世界更为动态。[15]在历时视角下，理解某个系统的属性特征只是获得全面理解的第一步，因为我们还需要探究、理解系统内生的潜在变化。这就意味着我们需要一个能够着眼长期的、关注有机动态的研究方法，才能帮助我们认识到在各种情况下可能出现的多元发展方向。未来并不取决于某种系统特性，尽管某些特性的确会让某些结果出现的概率更高。

在理解评级机构时，除了要有历史视角和演化视角外，还需要采取另一种方式——我称之为“社会基础法”。约翰·梅纳德·凯恩斯（John Maynard Keynes）对于选股的“选美理论”奠定了“社会基础法”的思维本质。凯恩斯认为，金融人士不会孤立地计算某只股票的价值基本面，而是会综合考虑这只股票能否在市场上跑赢其他股票。为了说明这项观点，凯恩斯援引了一场以20世纪30年代英国小报的选美为对象的公开赌局。[16]为了赢得赌盘，人们不会只考虑自己认为最漂亮的选美选手，而是猜测哪位选手在大众眼中会是最漂亮的。因此，这场选美比赛的胜负手并非在于对于基本条件或美丑的纯粹判断，而在于对集体性观点的判断。自凯恩斯时代以来，有助于金融投机获利的计算技术有了长足的发展。“社会基础法”的一个重要基础就是市场参与者对于技术套利的信心，人们普遍认为“比起单纯投机，技术套利明显更为科学且合理”[17]。

集体性观点（包括计算技术）是评级产品的基础，而评级机构的权威性和品牌则是业务成功的核心。评级机构不提供有形产品，这一点与打铁铺，甚至银行都不同；它们只有基于高质量判断力的无形声誉。虽然在特定情况下，美国或他国政府会做出一些强制评级的行政要求，但穆迪、标普和惠誉在商业层面便已垄断了评级市场，因为其他评级机构不掌握三大评级机构那样的集体性观点（的塑造能力）。某些评级机构具有国际重要性，但是大部分其他评级机构并没有。在本书中，我将略过这些暂时未具有国际重要性的评级机构，也略过目前在环境、社会和治理（ESG）方面的创新性评级。[18]

本书的结构

我在第 2 章研究评级机构的作为。第 2 章解释评级的定义、流程以及金融去中介化，以及其如何显著影响着评级机构的经营环境。我研究时下的评级市场，并讨论针对评级机构的监管，包括

2010年颁布的《多德—弗兰克法案》(Dodd-Frank Act)的影响以及金融稳定委员会(Financial Stability Board)颁布的相关政策。

在第3章中,我探讨针对评级机构的几种研究视角,并提出“社会基础法”是最为有效的方法。我并未罗列所有的研究视角,而是集中探讨几个主要流派。我首先讨论“市场中心法”。然后,探讨评级机构的民粹主义观和批判观;最后我论证“社会基础法”。

在第4章中,我深入探讨结构融资,以及评级机构对于此类金融创新的参与情况。我解释资产证券化的运作方式、评级机构的个中角色,以及它们对结构融资市场的影响。然后,本章讨论评级机构对结构融资产品曾有过的疑虑,以及这些顾虑对市场的相应影响。最后,第4章讨论回购市场,这里可以看到市场情绪是如何左右这个巨大的金融市场的。

在第5章中,我探究美国国会听证会和英国议会的议员听证会的有关内容,总结这两个国家机构如何审视金融危机和在金融危机中评级机构的作用,从而进一步探讨本书的第一个论点:金融创新及其对于评级市场竞争的影响。第6章则聚焦于金融危机之后评级机构的“幸存”。这一章的内容主要基于听证会证词,并提出系统内平衡或系统保守主义发挥的重要作用,以及在评级市场上“三大”的奠基性定位。为了探究这些问题,本章研究评级和欧洲主权债务危机、美国主权评级的下调、评级竞争以及透明度等问题。

本书实质性的最后一章是我对“纾解”策略的补充内容。这里研究金融危机的外生和内生解释,并提出正因评级机构被打上“外生机构”的标签,强化了认为“犯错是事做错了,而金融本身没错”

的观点，从而缓解了针对金融市场功能目标和治理方式的改革压力。我将最后一章作为一个补充性章节，因为这些论点比前两章更有些推测意味。

在第 8 章的总结中，我思考“指责”的问题、政府在信用评级中扮演角色的可能性，“社会基础法”的优势，金融创新对于金融危机的影响，评级是否发生变化，我们从评级中期望些什么（以及我们应该期望些什么），未来评级研究的范围，以及目前仍被广泛讨论的评级谜团。

注 释

1. *The Financial Crisis Inquiry Report*: *Final Report of the National Commission on the Causes of the Financial and Economic Crisis in the United States*(New York: Public Affairs, 2011), xxv.
2. 参见 Dean Baker, *Plunder and Blunder*: *The Rise and Fall of the Bubble Economy*(Sausalito, CA: PoliPointPress, 2009);Lawrence G. McDonald with Patrick Robinson, *A Colossal Failure of Common Sense*: *The Inside Story of the Collapse of Lehman Brothers*(New York: Crown, 2009)。更近期的学术研究则关注于探究在雷曼的倒闭风波中政府机构是否有其他选择，参见 Laurence M. Ball, *The Fed and Lehman Brothers*: *Setting the Record Straight on a Financial Disaster*(New York: Cambridge University Press, 2018)。
3. 罗伯特・希勒(Robert Shiller)研究了像此类因素是如何发展并成为事物的主要方面，见 Robert J. Shiller, *Narrative Economics*: *How Stories Go Viral and Drive Major Economic Events*(Princeton, NJ: Princeton University Press, 2019)。另请见 Mitchel Y. Abolafia, “Narrative Construction as Sensemaking: How a Central Bank Thinks,” *Organization Studies* 31, no.3 (2010): 349—367;以及 Mitchel Y. Abolafia, *Stewards of the Market*: *How the Federal Reserve Made Sense of the Financial Crisis*(Cambridge, MA: Harvard University Press, 2020)。
4. 这是一个颇受欢迎的观点，但它却不能解释为什么利益冲突问题在 2008 年突然变得如此尖锐，毕竟评级机构是从 1960 年后期就开始向发行人收费了。关于这个问题，见 Ann Rutledge and Robert E. Litan, “A Real Fix for Credit Ratings,” *Economic Studies at Brookings*, Brookings Institution, Washington, DC, June 2014, i。

5. 巴里·里索尔茨(Barry Ritholtz)将三大评级机构的经营模式描述成一种名为“帕约拉”(Payola)的带有贿赂性质的行为,这个词汇是指广播电台以收费的形式播放某些唱片,从而帮唱片冲销量,并在排行榜上占据高位。参见 Ritholtz with Aaron Task, *Bailout Nation: How Greed and Easy Money Corrupted Wall Street and Shook the World Economy*(New York: John Wiley, 2009), 111。

6. Michael Lewis, *The Big Short: Inside the Doomsday Machine*(New York: Norton, 2010),该书在 2015 年被拍成电影。

7. 其他学者认为,关于危机的标准观点过于强调金融市场事件。对斯科特·萨姆纳(Scott B. Sumner)来说,更重要的是,失败的政策应对措施将华尔街的问题放大为一场全国性的危机,随后演变为全球性的危机。见 Scott B. Sumner, “Ten Lessons from the Economic Crisis of 2008,” *Cato Journal* 39, no.2 (2019):449—459。

8. 关于证券化,见 Sylvain Raynes and Ann Rutledge, *The Analysis of Structured Securities: Precise Risk Measurement and Capital Allocation* (New York: Oxford University Press, 2003); Ann Rutledge and Sylvain Raynes, *Elements of Structured Finance* (New York: Oxford University Press, 2010)。

9. Bank of England, *Financial Stability Report*, London, October 2007, 20.

10. Jonathan Kirshner, *American Power after the Financial Crisis*(Ithaca, NY: Cornell University Press, 2014), 2.

11. Lena Rethel and Timothy J. Sinclair, *The Problem with Banks*(London: Zed Books, 2012)。有关这些及相关问题的最新深入讨论,见 Adair Turner, *Between Debt and the Devil: Money, Credit, and Fixing Global Finance*(Princeton, NJ: Princeton University Press, 2016), especially chap.10。

12. 这是 2002 年 3 月,在安然事件以及穆迪纽约总部旁边的世界贸易中心双塔倒塌之后,我与穆迪高级官员讨论的一个特征。

13. Giulia Mennillo and Timothy J. Sinclair, “A Hard Nut to Crack: Regulatory Failure Shows How Rating Really Works,” *Competition and Change* 23, no.3 (2019): 270.

14. 这类工作一个典型的例子,见 Herwig Langohr and Patricia Langohr, *The Rating Agencies and Their Credit Ratings: What They Are, How They Work, and Why They Are Relevant*(Chichester, UK: Wiley, 2008)。这方面的其他作品包括,Onjewu Adah-Kole Emmanuel, *The Role of Credit Rating Agencies in the Financial Crisis: Definitive Conclusion from Grounded Theory*(Saarbrücken, Germany: Lambert, 2011); Gianluca Mattarocci, *The Independence of Credit Rating Agencies: How Business Models and Regulators Interact* (Oxford: Elsevier, 2014); Raquel García Alcubilla and Javier Ruiz Del Pozo, *Credit Rating Agencies on the Watch List: Analysis of European Regulation*(Oxford: Oxford University Press, 2012); John

De Luca and Paul Russo, eds., *Credit Rating Agency Reform*（New York：Nova Science, 2009）。根据在评级机构的经验，罗杰·P.奈（Roger P. Nye）发表了，*Understanding and Managing the Credit Rating Agencies*（London：Euromoney Institutional Investor, 2014）。

15. 罗伯特·W.考克斯（Robert W. Cox）和蒂莫西·J.辛克莱（Timothy J. Sinclair）合著有 *Approaches to World Order*（Cambridge：Cambridge University Press, 1996），感谢罗伯特·W.考克斯对这些思想的发展。关于我如何发展这种方法并将其用于研究的分析，见 Rudra Sil and Peter J. Katzenstein, *Beyond Paradigms：Analytic Eclecticism in the Study of World Politics*（London：Palgrave Macmillan, 2010），这本书在第 118—125 页探讨了我的方法。我自己对我工作的陈述见第 124 页方框 4.2。

16. John Maynard Keynes, *The General Theory of Employment, Interest, and Money*（Amherst, NY：Prometheus, 1997 [1936]）, chap.12, p.156.

17. 2019 年 1 月 8 日，保罗·兰利（Paul Langley）发给作者的电子邮件。

18. 中国的大公国际就是一个例子。见“China's Dagong Global Credit Mounts Challenge to 'Big Three' Rating Agencies,” *South China Morning Post*, August 7, 2016, http://www.scmp.com/business/banking-finance/article/2000489/chinas-dagong-global-credit-mounts-challenge-big-three，访问时间 2016 年 8 月 16 日。有关这些机构的分析，Ginevra Marandola, “Local Credit Rating Agencies：A New Dataset,” *Research in International Business and Finance* 38（September 2016）：83—103。关于环境、社会和治理评级，见 Billy Nauman, “Credit Rating Agencies Join Battle for ESG Supremacy,” *Moral Money MSCI* Inc（part of the *Financial Times*）, September 17, 2019, https://www.ft.com/content/59f60306-d671-11e9-8367-807ebd53ab77, accessed September 22, 2019。

2 评级机构的“画像”

穆迪投资者服务公司是债券评级机构，也曾是金融界里的象牙塔。公司不鼓励分析师跟客户喝酒应酬。赶上分析师正进行近乎学术的激烈辩论时，银行家们打来的电话也难免无人应答。

——亚伦·卢凯蒂，《华尔街日报》

在金融系统，评级机构无人不晓。人们都自认为知道评级机构是做什么的，以为清楚它们的工作内容和方法。可是，外界对评级机构的误解不胜枚举，甚至有人会认为评级机构是政府机构。即便金融业内人士、政治家、政府官员以及评论人士也不乏疑惑，很多人误以为评级报告和审计报告具有同等地位。他们不仅不明就里，还常常夸大评级报告的重要性，甚至有时认为评级是高质量投资决策的唯一金融分析方法。鉴于误解之多，我们有必要先理解评级机构的所为与所不为，以及评级可能会产生的影响，然后再正式阐述本书的主要观点。

也许多年前，评级还是一项乏味的、寂寂无闻的幕后工作；但金融去中介化的进程让评级机构及其评级在美国、欧洲和亚洲等地变得越发重要。不过，只有像安然等公司和处于全球金融危机中心的住房抵押贷款支持证券（RMBS）的评级出现问题时，人们才赫然发现，评级机构已在全球金融体系中占据核心地位。

本章致力于检视那些与评级机构相关的基本事实和概念。我首先讨论信用评级究竟是什么，然后分析评级的过程。之后我将着重分析金融去中介化，正是此宏观趋势大大提升了评级机构的重要性。最后，本章探讨现代评级市场，并检视对评级机构的监管。

评级是什么？

评级看似有些晦涩乏味。但事实上，评级是人类知识的一种极具“抱负”的表现形式。这种“抱负”源自其目的，即预测大规模资金的未来的命运。此事极具挑战，且必然涉及大量的“判断”。评级失效在全球金融危机中达到高峰，凸显了评级结论不能仅仅依赖眼前事实。评级应该结合对未来可能情况的假设，以及评级机构对该假设情境发生概率的评估。很多人以为评级是某种度量衡，但评级更应该被理解为对未来的思考或理论化。与所有理论一样，评级这种对未来的理论也必然存在着大量的混乱、暗箱操作和拙劣技艺。

若持评级是（或应该是）信用水平的度量衡的观点，人们往往把偿债能力和偿债意愿混为一谈。[1]所谓偿债能力，是指发行人基于其财务资源按期还本付息的能力；偿债意愿则指的是发行人按期还本付息的决心，即使业务生变或公司管理层出现变更。为了评价偿债意愿，信用评级机构会关注该商业实体的运营管理、商业计划以及公司治理；若受评对象是易受政治影响的公共部门实体，评级机构则还会考虑政治活动对于政策制定的影响。评级评估的不仅是发行人财务健康状况，还要评估发行人是否会努力还款，以及是否有可能影响其偿债的优先事项或问题。

评级机构很强调评级目的的局限性。例如，穆迪表示评级“不应被用作投资操作的基础”[2]。它们认为，尽管评级是“对未来的判断”，但并不指导市场价格的未来趋势。[3]评级机构的立场是，虽然市场价格的确隐含信用质量，但也反映了市场行情和更广泛的经济形势等其他因素。尽管不对债券的市场价格走势进行预测，但穆迪会分析未来偿债情况可能存在的负面情景，它们曾经表示过理解投资者希望将评级作为一种“保护手段”的想法。[4]穆迪指出，评级是“观点陈述而非事实陈述”，也并非证券投资的买卖建议。重要的是，投资者还必须自己做功课，而非仅依赖评级。穆迪表示：“信用评级或其他信用观点仅是信息使用者或其代表人的投资决策的考虑因素之一，每个信息使用者仍然必须对证券及其发行人自行进行研究和评估。”[5]20世纪20年代，评级的级别排列表逐渐成熟。如表2.1所示，经典的级别排列表适用于期限为六个月或以上的长期债券。穆迪将这些符号称为“全球长期评级刻度”(Global Long-Term Rating Scale)。

表 2.1　信用评级等级

穆迪	惠誉/标普
Aaa	AAA
Aa	AA
A	A
Baa	BBB
Ba	BB
B	B
Caa	CCC
Ca	CC
C	C
N/A	RD* /D/NR

* 惠誉使用有限违约(Restricted Default，RD)级别以指代选择性或部分违约的情况。NR 则是标普的评级符号，表示未被请求授予评级或标普没有足够的信息发布评级，也可能表示标普因政策原因未对该债券品种进行评级。详见标普，"长期债项信用评级"，https://www.standardandpoors.com/en_US/web/guest/article/-/view/sourceId/504352，2016-08-15。

市场是如何看待评级机构呢？在 2001 年安然公司倒闭前的数十年间，市场对评级机构的批评从未间断，但未成气候。金融媒体上的批评声大体聚焦于几处，比如评级机构过于关注历史表现，没有前瞻性，而当发行人遭遇到可能影响其偿债能力的麻烦事时，评级机构却未能因应形势的变化作出快速反应，未能及时警告投资者。一直以来，人们都对评级机构未能充分预料金融创新的复杂性感到失望。外界觉得评级机构总机械式地凭借过时的经验解决时下的问题，哪怕问题的解决亟须新思维。

全球金融危机爆发以来，这种批评声浪愈呈鼎沸之势。[6] 2007 年至 2009 年，许多针对评级机构的评论都充斥着尖刻的谩骂和谴责，甚至还有一位作者把评级机构戏称为"金融占星师"[7]。而如今，市场对评级的下调威胁已近乎漠然。[8]评级机构的商业模式是以对债券评级，而向债券发行人收取费用——这一事实让很多观察人士认为，评级过程的核心存在利益冲突，而评级机构也必然是腐败的。[9]

尽管敌对观点众多，但大多数时候，评级机构的债券评级业务却一直高举“免死金牌”。虽然许多市场参与者持负面看法，但自2007年以来，诸如“评级有重要影响”“评级很重要”“评级是资本市场的一个核心要件”的观点几乎没有改变。[10]穆迪、标普和惠誉占据全球评级市场95%份额，“根本与金融危机前无异”[11]。穆迪公司是穆迪投资者服务的母公司，其股价在金融危机期间的确出现了大幅波动。2009年穆迪公司的股价从80美元暴跌至18美元，但时至2019年12月2日上午9点34分，穆迪公司在纽约证券交易所的股价已高达226.53美元，接近其历史最高点。[12]穆迪当时的净利润率为30.58%，比摩根大通(32.63%)仅低几个百分点，但比苹果(21.37%)要好，几乎是谷歌母公司(Alphabet Inc)(17.45%)的两倍，更是埃克森美孚(5%)的六倍多。

与其他从事高影响力工作的专业人士一样，评级人员理所当然地认为信用评级机构很重要。许多刚入行的年轻金融从业者以评级机构为第一站，一番历练后再跳槽至银行或其他金融机构。多年来，我采访了很多评级机构的资深人士，他们给我留下了一个共同的印象：评级人士都认为评级具有“体系”的特征，他们默认市场参与者总会以满足体系要求为导向行事。鉴于评级的“体系”功能，我们就能理解为什么即便有时没有发行人的委托，评级机构也会对某些公司或政府进行主动评级，因为评级机构需要确保自己的评级体系是完整的。

一位已退休多年、睿智善谈的资深评级人士告诉我，评级机构的员工大抵分为两种类型。第一类人像其他行业大多数员工一样，以专业精神做事，但也许不能完全接受评级机构打造的营销噱头。他说，他的大部分老同事都属于这一类型。另一类人的比例要小得多，但却也吓人得多。他将这些人称为“真信徒”，他们将信用评级视为一门科学，并坚持不懈地将评级奉作金融市场的核心。他暗示我，这些真信徒才是“刺头”。从他的话里，我读出的是这类“信徒”对评级缺乏怀疑态度，更不愿意面对评级也不过是一种观点的事实，无论评级结果有多重要。

通常，人们认为信用评级会影响到债券发行人的具体行为。如果评级低于发行人预期，发行人可能会确保债券销售而选择提高票面息率。于是，低评级会提高发行人的借贷成本，还消耗了一些本作他用的资源。另一种思考评级的角度则是间接的、非行为性的影响。这种影响主要基于发行人对评级机构的反应的预判。发行人会根据评级机构的喜好标准改头换面，提前行动，试图获得更好的评级结果。

在这个角度下，评级的非行为性影响要大于更浅显的行为性影响。理解这个逻辑，可用美国的联邦资助计划做类比：若要想获得联邦政府的资助，地方政府需要承诺进行政策改革。正因评级涉及的资金数额巨大，只有这种非行为性、结构性的视角才能真正体现评级的巨大潜在意义。就像信用卡债之于个人的意义一样，信用评级对债券发行人构成某种纪律性影响；这种要求可以改变债券发行人的经营目标和模式。与法律性或行政性的要求不同，评级纪律性影响隐晦且无形。[13]

评级过程

近些年来，信用评级成了令人既畏惧又疑惑的存在。人们似乎认为评级过程中存在某种神秘而玄妙的东西，类似共济会的仪式。市面上那些指导如何在评级过程中提高表现以获得更好的评级的文献已经汗牛充栋[14]，过去三十年，评级机构自己也已贡献了无数关于评级过程的信息和研究资料。从广义上讲，评级过程结合了关于发行人债务和收入状况方面的定量信息，以及业务前景、行业状况和管理方面的定性信息。正因评级过程融合了定量和定性信息，评级本质上是人类“判断”的产物，而绝非简单地“解读”数据。

一开始，评级分析师会先收集数据，其中通常包括发行人提供的与商业计划相关的机密信息，之后在内部监督下撰写报告并提出评级建议，再经评级委员会审议定级。评级委员会环节至关重要，因为评级数据正是在这个环节接受评级经验的检视，资深分析师也会对资浅分析师的观点进行评估。评级结果最终由评级委员会确定，而评级机构不会透露评级委员会的审议过程；这与发达国家的陪审团制度类似，司法系统也不会透露审议过程。企业会定期更新资料，评级委员会也会每隔几年销毁评级记录，因此没有可供学者钻研评级委员会决策的历史档案。[15]不过评级机构确实会为评级提供书面理由，这一点与陪审团的审议不同。安然事件后评级系统受到的批评增多，导致评级的书面理由愈加详尽。近年来，发行人向评级机构支付费用进行评级这一长期以来的事实，则是争论的关键议题。

和其他机构一样，评级机构及评级分析师与外界互动时，不免会带入自己对一些重要问题先入为主的观念，包括何为“高信用质量”。或许出乎一些人的意料，评级机构对信用质量的判断采用了务实的方法。评级机构总是有意识地表达它们在努力维护投资者的利益——这是评级世界观的基石。那么，投资者作为评级机构的服务对象究竟想要什么呢？不确定性似乎是投资者的主要敌人，而不确定性也是可能转化为风险的来源而受到评级机构的关注。[16]当然，考虑到现代金融思想中普遍存在的风险/不确定性二分法，这一点是合理的。[17]因为不确定性无法量化，不能定量细化为财务损失风险，所以总是令人有如临大敌之感。投资者需要的是一种判断，即投出去的资金能带来多少回报，以及相伴随的潜在风险。这种风险以概率呈现，而概率则是通过评级光谱上的落点来表示。有鉴于此，评级机构厌恶发行人存在沟通不畅、欺骗或披露不足的情况，透明度正是评级机构对债券发行人的主要期望。

评级机构希望发行人能够回应它们的信息诉求：与评级机构进行高效、不遮掩的沟通，同时善待评级机构，为它们尽量提供配合。这种期望折射出发行人认可自己在评级过程中担任某种代理人的角色，而不是主体行为人。[18]作为代理人，发行人的工作是向评级机构（评级机构也是代理人，只不过是投资者的代理人）提供其工作所需的信息。但若发行人将自己定位为委托人，则会认为评级机构应想方设法地为自己的利益服务，那么发行人与评级机构之间就会出现矛盾。如果发行人能站在评级机构视角，认识到投资者才是这一关系中的服务对象，那么它们能更好地理解自己与评级机构的关系性质。

在与某评级机构高层进行多次对话后，我清楚地理解到，就政府债券而言，评级机构不希望看到政府穷尽一般性税收用于偿债。税收是建立在政治权力基础上的公共程序。与所有政治程序一样，税收也受到利益斗争的影响，金额也受到经济周期起伏的影响。经济形势好时，税收可以为地方或国家政府带来丰厚的财政收入。经济不景气时，税收则会萎缩。考虑这一点，加上评级机构对不确定性的厌恶，所以评级机构最希望看到的是把财政收入的源头与债务偿还挂钩。这导致评级机构偏好那些有自我造血能力的项目，例如收费公路，以及其他创收性投资。

如果我们谨慎地检视每一个评级决定，我们可以讨论该评级结果的优缺点。隐含在这一分析中的，是评级更为宏观意义的重要性：评级对发行人和投资者的思维和行为的影响。时至今日，人们要想在英国租房，还得需要一封雇佣函以证明租客的收入。2000 年前后，原始的租房信用体系在美国发生演化，成了公众更为熟悉的个人信用评分。这意味着，和债券发行人一样，个人也必须开始在意自己的财务记录了。这种被监管、被监视的感觉也在逐渐演化。在我之前的研究中，我曾提出“发行人对于被监视的自我认知是评级的结构性权力的组成部分”的观点。在实际操作层面，这种结构性权力体现为所谓“私人形式的公共政策”，其中评级机构是政策制定者，发行人是政策实施者。[19]

这种由私营代理人主导的隐性公共政策明显影响了私营部门

和政府债券发行人的选择。评级机构强调核验、风险（而非不确定性）以及遵守各行“行规”，迫使私营部门的债券发行人必须进行“自证”。虽然也许是件好事，但也可被视为对商业运营强加新的合理性论证，强塞某种官僚主义机制。仅凭这此点，就可以认为这种隐性公共政策造就了高度合理化的资本主义行政形式。[20]

金融去中介化

金融的内在活力是破解评级机构的作为及背后逻辑的关键。位处金融体系中心的传统机构已经变化了，随之而来的是评级机构的新角色，以及摆在它们面前的新选项。全球金融的新形态打破了评级行业过往的常态，将评级机构推上了“共时路线”（synchronic track），使其从一个客观的观察者变为积极的金融行为参与者；这个改变也引发了重重问题。

在传统的准备金制的银行中，资产端是发放的贷款，借此收取借款人利息；而负债端是储户存款。存款对银行来说是一种负债，因为储户可以随时提款，且提款本身也不会为银行带来收入。为了赚取利润并覆盖成本，银行只会持有存款的一小部分作为准备金。银行持有以贷款为形式的长期资产和以存款为形式的短期负债，这种错配被称为“期限转换”。期限转换让银行有机会盈利，但同时让银行容易受到挤兑和倒闭的影响。假如足够多的储户去柜台提取存款，那么银行将会无法满足所有的取款需求，因为储户的大部分存款已经借给了贷款客户以赚取利息收入。如果储户想取回所有的资金，银行就会发现贷出去的款已经远远超过了可供储户马上取回的量。一直以来，银行努力打造“坚若磐石”的形象，以缓解储户对其偿付能力的顾虑，有的银行为此还将自己的办公楼建成希腊和罗马庙宇的风格。为了扮演好储户和贷款者之间的中介角色，银行需要花费资金。作为中介的银行还必须吸收消化过往不良贷款的成本。在其他条件相同的情况下，借款人支付的贷款利息需要覆盖银行资产负债表上的坏账，和银行人工成本、养老金，以及其他的所有支出。

对于许多借款人来说，作为中介的银行仍然是获得资金快捷且有效的渠道。借款人不必自己四下寻找放贷人或投资者，而是可以直接去银行，因为银行是借款人和放贷人之间的中介。然而近年来，储户发现了更具吸引力的理财方式，借款人也越来越多地从非银渠道进行借款。这种变迁似乎归咎于全球化带来的日益升高的竞争压力，以及银行中介成本的增加。去中介化正在改变银行的本质，但也为资金的提供者和使用者带来了“信息问题”。在以银行为中介的资金环境中，贷款人倚赖于银行的审慎管理，即银行需要保持一定水平的准备金。现在，从银行借款的难度越来越小了，因为市场上还存在其他成本更低的融资手段。越来越多的企业和政府在资本市场寻求资金，毕竟资本市场的资金成本不用考虑银行的运营和基础设施成本，也不用为银行过往的贷款坏账买单。

毫不奇怪，在评级机构的发源地美国，是金融去中介化的“龙兴之地”。[21] 20 世纪 90 年代初，金融去中介化在欧洲提速；90 年代末亚洲金融危机中，亚洲银行的糟糕表现也推动了区域金融去中介化进程。在美国，债券占公司部门债务总额的比率从2008年的36%增长到2013年的50%。在欧洲市场，银行借贷在公司债务融资总额中占61%，但仍低于2008年69%的水平。中国的金融业虽然由国有企业主导，但资本市场的份额也同样有所增长，从2009年的4%上涨到后来的6%。

去中介化增加了银行的资产负债表压力。现在，只有信誉欠佳的借款人才会去银行借款，因为他们在资本市场上无法以低于银行贷款的成本筹集资金。中介成本增加了，回报也降低了，传统贷款的利润水平下降了。银行业自中世纪晚期即存在而风雨不改，可是金融去中介化直接威胁了银行业的生存。为了顺应去中介化，银行开始拓展利润丰厚的业务，例如为并购提供咨询，以及打造复杂的新金融证券，并进行交易。[22]全球金融危机的内核逻辑正是银行试图利用金融创新来弥补机构客户贷款业务的日薄西山。正如奥瑟斯指出的："西方世界经历了一系列的金融危机，这在很大程度上是资本市场夺走银行业务线产生的后遗症。"[23]正如我们将在第四章中看到的，在危机前的几年里，去中介化融资呈现出一种全新的形态——不仅难理解，变化节奏还快得多。

21世纪的评级市场

从20世纪90年代中期开始，外界针对信用评级机构评级失败的指控越来越多。[24]这些事件包括1994年奥兰治县破产、1997年至1998年的亚洲金融危机和2001年安然公司破产。多年来，金融媒体对评级机构牢骚不断，抱怨评级的后向性，抱怨评级缺乏及时性，抱怨评级过时，还抱怨评级没有面向未来。不过现在媒体早已不只是埋怨，而是开始指责评级机构：指责他们在评级上犯了错误，指责评级结果虚高了，还指责评级机构没有对发行人进行充分调查。

安然事件可能最能揭示评级的失败。安然公司的问题是进行了非常复杂的金融工程。安达信折戟于安然账目中的欺诈行为，丢了自己的会计师事务所执照，最终在 2002 年退出审计业务。据称，安达信当时的动机是让安然通过审计，以换取安然利润丰厚的咨询业务。[25]评级机构的失败则是因为没有发现安然的欺诈行为，导致美国政府首次对评级机构采取重大监管行动。

20 世纪 90 年代中期前，评级行业是双头垄断的安逸格局。穆迪和标普占据了大部分市场，而例如多伦多的多美年债券评级服务公司和芝加哥的达夫公司等评级机构的市场份额非常小，完全无法与穆迪和标普相抗衡。20 世纪 90 年代发生了一个关键的变化——惠誉完成了再融资。惠誉成立于 1913 年，但其地位却几经沉浮。一直到 20 世纪 90 年代中期才得以改变，在法资的推动下，伦敦的国际银行评级机构与纽约的惠誉合并。在新资本的支持下，惠誉更加雄心勃勃，剑指更大的市场份额。90 年代中期时，惠誉只是纽约的小机构，员工寥寥无几。而如今惠誉在全球已有 30 多家办事机构，员工人数超过 2 000 名。惠誉的地位已大幅提升，从一个边缘角色变成了现今所谓评级世界三大巨头之一，“三大”的提法本身就反映了惠誉地位提高这一不争的事实。惠誉的崛起撼动了 21 世纪的评级市场。为投资者提供两家公司的评级是市场惯例，以往基本是穆迪和标普，极少数情况下会有一家二线评级机构，惠誉的崛起打破了这种舒适的安排。现在跟以往不一样的是，一个评级两家机构三家抢，穆迪、标普和惠誉要在同一起跑线上竞争业务。因此，20世纪90年代末，评级行业变得更加动荡，这种动荡不仅指金融市场本身的动荡，更指评级行业内部激烈的竞争，以及更加充足的竞争弹药。

评级行业的传统形象有一个关键特征，即评级机构会刻意与其所评的发行人保持距离。虽然从发行人付费的角度来说，评级机构的客户是发行人，但评级机构内部的传统是将债券的投资者视为自己真正的客户或委托人。评级机构与债券发行人之间存在一定距离，而这种距离正是市场所期望的，这也正是传统评级模式的精髓所在。比如教授给学生的作业评分，你会希望这位教授与学生保持一定的距离，避免与学生有太多私人关系，否则教授在评分时会出于与学生的关系而难以维持公正。市场期望评级机构提供的，正是这种客观性、距离感下判断的意愿。的确，这些正是投资者向穆迪和标普所寻求的。事实上，20世纪90年代末，穆迪也正是如此做的，标普也基本做到了：保持距离、客观、冷静甚至是冷漠。这些要素构成了“关键距离”，进而确保了评级机构可以在没有恐惧或偏袒的情况下发布评级判断。

在我看来，“关键距离”是评级机构在金融市场中维持历时地位的部分原因；然而20世纪90年代后半期，“关键距离”已大大缩小。评级机构愈加在意市场对自己的看法，开始关注市场需求。安然破产更是加速了这一进程。同时，住房抵押贷款支持证券（RMBS）的市场应用不断深化，提升了市场中金融工具的复杂程度。证券化的债券是分层级的，等级较高的债务对基础抵押贷款收入现金流具有更优先的求偿权，所获评级也就越高。因此，对这些新生的高回报证券而言，评级至关重要。新生的金融工具十分复杂，而复杂往往就是“不透明”的代名词。由于缺乏透明度，在金融工具的设计阶段，评级机构就主动献上了建议。过去，评级机构只是提供常规评级服务，在金融工具上市前对其进行评级，而现在评级机构直接涉足了金融工程本身。从某种意义上说，在实际构建金融工具的过程中，评级机构就提供了帮助性的信息。

这是个关键时刻，因为这意味着评级机构放弃了“关键距离”，其行为变得越来越像咨询公司，就如何获得更好的评级提供着建议。我们在这里看到的，是市场基础设施中的关键组成的转变——从其“判断”职能转变为“构建”职能，主动构建某一特定信用度的金融资产。即使评级机构曾经也不经意扮演了积极的“构建”角色，毕竟评级标准是公开的，且可被发行人研究并预判的，但是从住房抵押贷款支持证券上可以看到，评级机构已从被动的幕后角色转变为了积极的主动角色。这就好像法官从审判席起身，开始协助辩护律师为当事人辩护。至此我们可以说，不仅市场是共时性的，守门人也是共时性的。守门人不再扮演历时角色，保持本分，提供观点；而是积极参与市场构建。

2006 年《信用评级机构改革法案》出台，美国证交会新批准了一批“国家认可统计评级组织”(Nationally Recognized Statistical Rating Organizations, NRSROs)。此前，全美国仅有少量的 NRSROs，其中穆迪、标普和惠誉自然占据主导地位。但法案建立了明晰的审核 NRSROs 的标准和程序，美国证交会批准认可了一些新的 NRSROs。此外，德国、中国和俄罗斯也涌现出一批新评级机构。

特别是中国和俄罗斯的评级机构直言不讳地表示，它们要与美国评级机构抗衡，并在本质上与这些美国机构不同。即使在美国本土也涌现了例如克罗尔评级等小型评级机构。奇怪的是，初创的评级公司其实却不赚钱。虽然评级行业的行政门槛不再高不可攀，但市场对小型评级机构的接受门槛仍然很高。日本和加拿大的新评级机构进入美国市场后并没有影响市场格局，小型评级机构也没有成长为评级市场的重要参与者。新评级机构的未来前景也仍然是一片迷雾。

评级机构的监管

自评级机构问世以来，各国政府大多鲜有监管评级机构。评级机构没有政府信息来源，可以被理解为是对金融媒体的补充。近十年来，有些政府机构以评级为标准来规范养老金的投资管理，这种监管使用也半正式地延续至今。[26]对于政府机构来说，信用评级是动态更新的，获取成本也很低，因此政府机构依赖这些私营机构提供的市场信息并不足为奇。若非如此，政府就需要打造替代品。但是当时评级应用已经十分广泛，特别是在 20 世纪 20 年代的美国市政债市场上，因此政府利用这些新生判断似乎非常合适。许多养老基金开始使用评级，在“投资级”和“投机级”之间划开了界限。1936 年起，美国的银行可以投资投资级债券，但不能投资投机级债券。[27]也就是，如果债券的评级降至投资级以下时，投资机构就必须出售相关资产。如此，出于审慎监管目的而产生对评级的使用，却反而造成了悬崖效应：在金融恐慌时，局面会因评级的顺周期性（pro-cyclical）而变得更糟，因为银行会突然被迫出售不再是投资级的资产。

20 世纪 80 年代前，大多数公司评级都是针对蓝筹企业或者财务稳健的公司。彼时也不存在垃圾债券或高收益债券市场，评级的对象大多是地方政府企业或是资金雄厚的私人企业。当时，评级业务没什么创新性，证券业务也没那么高度创新。当时，评级机构是保守的历时性组织。评级机构的使命不是让债券市场参与者轻松过关，而是要做债市的守门人。评级机构有一套自己的价值观，大家都知道。直到 20 世纪 80 年代末，以评级来监管市场所引发的问题才开始严峻起来。彼时，金融业摆脱了布雷顿森林时代的保守主义，进入了后布雷顿森林时代，关注点由创造高生产力企业转为“创新”。在金融语境下，这意味着从债券市场融资的实体和个人的信用跨度变得更大了。第一次世界大战至 20 世纪 80 年代期间，地方政府企业和蓝筹公司主导了债券发行业务，而此刻它们也要与合并收购的投机者竞争，它们的收购时而还是杠杆收购。新生代金融参与者意在从证券市场获得廉价资金。德崇证券（Drexel Burnham Lambert）的迈克尔·米尔肯（Michael Milken）认为，评级并没有准确反映财务实力较弱的机构的价值。尽管评级机构在 20 世纪 80 年代时曾“打压”过垃圾债券市场的兴起，但垃圾债券市场的兴起也给评级机构带来了巨大的变化。自此，评级机构需要面对更多元的信用宇宙了。

1975 年，美国证交会出台了新的监管规则，国家认可统计评级组织（NRSRO）的概念也应运而生。这条新规就是净资本规则，旨在确保经纪商即使陷入财务困境也能有足够的资金偿付债务。根据新规，经纪商可购买由NRSRO评定的投资级证券，从而降低对流动性的需求。虽然NRSRO的概念听起来很炫，但内涵其实非常简单：只有被市场认可的信用评级机构才可能被认定为NRSRO。当时，只有穆迪、标普，以及稍弱的惠誉获得了认定。NRSRO的认定没有既定程序，这就意味着申请NRSRO其实是无路可循。净资本规则通过后，在近三十年的时间里，美国证交会向本应具有NRSRO资格的评级机构发出所谓"无异议函"以确认其地位。在美国认证为NRSRO的前提是先在全美市场范围内获得认可，导致新兴评级机构和希望在美国开展业务的外国评级机构几乎无路可走。批评者认为NRSRO的认证程序造成准入障碍，制造了一个僵化而具有寻租性的美国评级行业。[28]如果新晋评级机构没有机会获得NRSRO认定，存量的老牌评级机构就能坐地起价，霸盘产品质量，无视市场约束。

表2.2 欧盟和美国对评级机构的监管

年份	欧盟/美国	名称和详情
1975	美国	《美国证交会，规则15c3-1（净资本规则）》是对1934年《证券交易法》的修订。根据该规则，如果经销商持有的债券有NRSRO的评级，那么对它们的流动性要求可以降低。关于NRSRO的要求当时没有明确的规定，美国证交会向现存的美国评级机构发出"不采取行动"的信函以确认资格。NRSRO的概念后来被国会广泛用于金融相关法律之中。
1994—1997	美国	在1994年的概念发布和1997年的规则提案中，美国证交会提议对NRSRO的标准以及认证程序进行定义。这些提议由美国证交会的专家推动，但未获得美国证交会委员的强烈支持，也未被国会考虑。

（续表）

年份	欧盟/美国	名称和详情
2002	美国	《萨班斯—奥克斯利法案(第 702 节)》。这项因安然事件而催生的法律,要求美国证交会对信用评级机构在证券市场的角色和职能进行研究,重点关注评级准确性、准入壁垒、利益冲突,以及可能提升评级表现的措施,等等。美国证交会在 2003 年 1 月向参议院委员会提交了报告。
2004	欧盟	《欧盟金融工具市场法规指令(2004/39/EC)》。要求评级机构明示评级仅为"观点"而非投资建议,并要求评级机构披露评级过程中出现的潜在利益冲突。
2006	美国	《信用评级机构改革法案》,这是史上首次针对评级机构的重大监管立法。法案侧重于评级机构雇员间所存在的利益冲突,并在美国证交会内部设立信用评级机构办公室以专门监督评级机构,还编纂 NRSRO 的认定及申请程序。本次立法并没有挑战评级机构的信用分析和商业模式。
2006	欧盟	《资本要求指令(2006/48/EC 2006/49/EC)》。该指令落实了《巴塞尔协议Ⅱ》的要求,与 NRSRO 概念一样,建立了认可评级机构的名单。
2009	欧盟	《第 1060/2009 号法规(EC)(CRA Ⅰ)》。根据欧盟委员会的提议,这项立法的主旨是避免利益冲突。具体包括禁止向受评实体提供咨询服务,审查经营模式和流程,提高透明度和内部控制,建立注册和监督框架。本次立法并没有挑战评级机构的信用分析和商业模式。
2010	美国	《多德—弗兰克华尔街改革和消费者保护法案(第九章第 C 节)》。第 939G 节要求评级机构遵守美国证交会的 436(g)规定,取消了它们美国宪法第一修正案相关权利,并使它们作为"错误专家"承担责任。该法案还要求制作一系列关于评级机构的报告,并对《信用评级机构改革法案》的规定进行微调。除第 939G 节外,本次立法并没有挑战评级机构的信用分析和商业模式。
2011	美国	《资产支持证券市场稳定法案》。这份仅有一页纸的法案废除了《多德—弗兰克法案》第 939G 条。该条款的废除恢复了宪法第一修正案对评级机构的保护,使评级机构不必遵守美国证交会的 436(g)规定,而正是 436(g)条款让评级机构对评级相关的重大错误陈述和遗漏承担责任。

（续表）

年份	欧盟/美国	名称和详情
2011	欧盟	《第 513/2011 号法规（EC）（CRA Ⅱ）》。该法规对 CRA I 进行了补充，赋予新成立的欧洲证券和市场管理局（ESMA）作为欧盟唯一的评级机构监管机构的地位。本次立法并没有挑战评级机构的信用分析和商业模式。
2013	欧盟	《第 462/2013 号法规（欧盟）（CRA Ⅲ）》。本次立法针对的是投资者对评级过度依赖，但没有挑战评级机构的信用分析和商业模式。

资料来源：各种美国证交会文件；作者的实地研究；Mennillo and Sinclair 2019；Olivier Nataf，Lieven De Moor，and Rosanne Vanpée，"Was Regulation (EC) No 1060/2009 on Credit Rating Agencies Effective?，" *Journal of Bank Regulation* 19 (2018)：300—302，312。

2001 年底的安然丑闻和破产事件爆发，打破了十五年来市场对信用评级机构的无声不满。安然是一家大型能源公司，总部位于得克萨斯州休斯敦市。安然开展的金融创新操作非比寻常。安然公司破产后，首席执行官肯尼思·莱（Kenneth Lay）被判犯有 10 项证券欺诈罪。[29] 这桩丑闻和破产事件促使美国在 2002 年通过了《萨班斯—奥克斯利法案》，该法案要求会计师事务所专注会计和审计业务，并放弃咨询和法律事务等其他业务。尽管信用评级机构不像安达信那样明目张胆地沆瀣一气，但评级机构显然是从发行人那里获取信息，而不是基于自己的原始信息生成信用信息。美国国会举行了听证会，并于 2006 年 9 月颁布出台了第一部直接监管评级机构的法律，名曰《信用评级机构改革法案》。该法案虽然名为改革，内容却非常温和，重点放在了改革 NRSRO 认证程序上。这是 NRSRO 认证程序的首次出台，为新的信用评级机构成为 NRSRO 提供了申请途径；同时，美国证交会设立了新的信用评级办公室以负责相关工作。然而这项新法律并没有挑战评级机构的业务收入来源，也未对信用评级的分析或确定过程进行干预。

自改革法案通过后，美国证交会在十几年里认证了八家新的NRSRO。美国证交会负责管理NRSRO资质的申请和维护，还负责编制关于NRSRO制度的年度报告，内容涵盖了评级行业体系的基本情况及其对竞争和透明度的影响。新制度克服了长期限制旧制度的关键因素，以事实证明新评级机构也有获得NRSRO认证的可能性。这种可能性甚至惠及美国以外的评级机构，例如一家加拿大机构、两家日本机构也获得了NRSRO认证。然而，评级行业显然存在着主配角之分。所有新晋的评级机构仅是从事一些小众评级业务，未能与三大评级机构形成真正的正面竞争。NRSRO制度也没有挑战穆迪、标普和惠誉的既定商业模式或分析程序。因此，经修订的NRSRO制度能否对信用评级行业的底层逻辑产生实质性的影响，仍然犹未可知。

仅在这项法律通过后的几年，评级机构便陷入了时至当时最严重的评级危机*。鉴于法案并非针对评级的分析过程或商业模式的激励机制进行改革，因此几乎可以认为，在金融海啸的萌发阶段，法案的改革措施对评级机构的表现影响有限，甚至很边缘化。即使不论全球金融危机，也很难说改革法案带来了什么有意义的变革。与直觉相悖的是，建立了公共问责框架的改革法案最重要的影响其实是巩固了三大评级机构的地位，因为这使它们免受其

---

* 即2008年的金融海啸。——译者注

他剑指其业务模式和分析程序的重大改革。不过,《多德—弗兰克华尔街改革和消费者保护法案》也向评级机构"课税"。当我在纽约和伦敦与评级机构人员讨论监管议题时,他们表示评级机构花费了大量时间和金钱来满足监管报告要求。[30]但是,推高监管成本以及建立公共问责框架,并不意味着能带来真正的实质性变化。事实上,对于《多德—弗兰克法案》对评级机构的影响,最为准确的评估是该法案其实帮助评级机构抵御了外界的批评。

2010 年 7 月 21 日,奥巴马总统签署了《多德—弗兰克法案》,标志着其正式成为法律。法案内容卷帙浩繁,多达 848 页;其中第九章第 C 节《信用评级机构监管的改进》载列了针对评级机构的相关措施。该法案确定了评级机构在"资本形成、投资者信心和美国经济的高效表现"中的核心作用。[31]法案还制定了具体细则,包括建立"公共监督和问责、责任标准和对利益冲突的关注"等机制。[32]重要的是,《多德—弗兰克法案》认定利益冲突与个人行为相关,而非与商业模式相关。但是《多德—弗兰克法案》确实促成了联邦法律取消了监管规则对外部评级结果的要求,哪怕自 20 世纪 30 年代以来评级已是事实上的标准。2012 年至 2013 年,银行监管机构取消了对评级的参考和依赖。2015 年 9 月,美国证交会也对货币市场共同基金取消了评级使用,但美国劳工部在 2017 年仍在使用评级。[33]州保险监管机构不在《多德—弗兰克法案》管辖范围内,尚未消除对评级的依赖。[34]

来自明尼苏达州的阿尔·弗兰肯(Al Franken)是一名争议较多的参议员(任期从 2009 年至 2018 年)。他曾起草过一份《多德—弗兰克法案》的修正案,要求在美国证交会的信用评级办公室下设立一个评级委员会。该评级委员会的职能是为发行人分配评级机构，即不再由发行人自行选聘评级机构。这个构思的目的是打破发行人和评级机构之间的金钱纽带，消除发行人付费模式中的利益冲突问题。[35]不过弗兰肯的修正案未被采纳，因此并未入法。然而，《多德—弗兰克法案》要求美国证交会研究弗兰肯的想法。[36]之后，2012 年 12 月发布的美国证交会员工报告并没有强力支持弗兰肯提出的新模式，这个想法便胎死腹中。[37]

第九章第 C 节中，一个大胆但最终注定失败的部分是第 939G 节，这一节取消了 1933 年《证券法》第 436(g)条规定的对评级机构的保护。第 436(g)条豁免了“该法案第 11 节中 NRSRO 机构的专家责任”[38]。根据美国证交会发布的解读，此项规定不再认定评级结果是“观点”(与所有美国公民一样，评级机构受到美国宪法第一修正案* 的保护)，同时规定了评级机构对资产支持证券注册声明中的评级结果承担责任。这一条款在法案的最初的审批过程中“几乎没有引起注意”[39]。

然而，评级机构的反应让国会始料未及。评级机构开始对发行人在资产证券化产品的声明中使用相关的评级结果表示反对，这导致资产证券化市场在一夜之间停摆。2010 年 11 月 23 日，美国证交会立即为该条款的执行进行了临时补救，无限期推延执行日期。这一事态的背景是，近年来评级机构的第一修正案权利在法院判决中屡遭挑战。特别是在 2009 年 9 月 2 日，纽约南区法官希拉·谢恩德林(Shira Scheindlin)在阿布扎比商业银行诉摩根士

* 关于言论自由。——译者注

丹利公司案中，驳回根据宪法第一修正案评级意见享有豁免权的观点。谢恩德林法官承认："众所周知，在典型情境下，第一修正案保护评级机构免受因发布评级结果和评级报告而产生的责任，但'实际恶意'除外，因为评级机构的评级被视为公众关注的事项。"然而，她指出，向一般公众传播的评级的普适性保护与只向特定投资者群体提供评级的情况不同。在这些更狭义的情境下，评级不应受到美国宪法第一修正案的保护。[40]

加利福尼亚州之后也出现了一项判决，即 2010 年"加利福尼亚州公共雇员退休系统诉穆迪公司等人"的案件。该案件引用了纽约的裁决，并扩大了宪法第一修正案权利的除外范围，法官的理据是言论自由权允许我们就公众关注的事项发表意见，但所发布的这些 SIV（结构性投资工具）评级并非公众关注事项；它们其实是一种经济活动，是为有限人群而设计，且目的是为了盈利。因此，评级行为不应该得到美国宪法第一修正案的保护，而且评级公司与金融媒体也无法等同。[41]

美国证交会考虑废除第 436（g）条规定已有时日，还在 2009 年 9 月征求了行业意见。评级机构于 2009 年 12 月就此事发函，并于 2010 年初与美国证交会举行会面。[42]此时，评级机构似乎已经成功"捍卫了"它们的第一修正案权利。然而，在《多德—弗兰克法案》的调解过程中，俄亥俄州的民主党众议员玛丽·乔·基尔罗伊（Mary Jo Kilroy）还是把这部分内容加入了《多德—弗兰克法案》。对此，她表示自己的目的是提高信用评级机构的潜在责任。6 月 16 日，在进行参众两院法案版本校对时，她的对会议委员会法案的修正案获得通过。

第436(g)条的废除没有引起人们注意，也许因为分析人士的关注点是整个NRSRO商业模式的潜在转变。评级机构的商业模式在起草立法时曾受到攻击，但最终还是全身而退。事实上，分析人士对这份法律的结论是对评级机构的影响其实不大，与他们所预期的更严厉的影响形成对比。[43]

针对这一结果，惠誉认为在未完全了解有关责任对惠誉业务的影响以及有效降低相关风险的手段的情况下，其不愿意承担该项责任。尽管惠誉将继续公布信用评级和研究，但鉴于潜在的后果，惠誉将不再同意外界将其信用评级载列于债券募集说明书和注册声明中。[44]

据报道，福特汽车信贷公司计划于2010年7月发行10.8亿美元的汽车贷款支持证券，这迫使美国证交会停止了《多德—弗兰克法案》的执行。[45]《多德—弗兰克法案》第939G节被2011年的《资产支持证券市场稳定法案》废除，该法案在当年8月完成立法。这是一份很简短的法案，只有一项内容：它将美国宪法第一修正案的权利还给了评级机构，正如穆迪在1907年成立时所享有的那样。在全球金融危机之后，由一位女性众议员发起的，也是唯一针对评级机构的实质性监管努力，以彻底失败告终。

欧洲的评级监管作为也乏善可陈。[46]多年来，评级机构只是得到了欧洲国家的本地监管机构的“认可”，这些欧洲的监管机构相当于搭了美国监管、审查的便车。全球金融危机之后，欧洲议会通过了新法律并提交给欧盟部长理事会，欧盟委员会官员希望通过这些法律，实现在欧洲的评级机构监管。[47]这些努力最终造就了《1060/2009号(EC)》法规，这是欧洲对评级机构监管法律框架的基础。[48]自 2011 年 7 月以来，欧洲证券和市场管理局一直是欧盟信用评级机构的唯一监管机构。[49]欧洲证券和市场管理局管理着一个类似 NRSRO 系统的注册程序，以求解决评级中的竞争、透明度和披露问题。然而，与《多德—弗兰克法案》一样，这种安排并未改变评级分析，也未有效挑战发行人付费的商业模式。[50]

法比安·安滕布林克（Fabian Amtenbrink）和 J.德·哈恩（J. De Haan），对欧盟的《1060/2009（EC）》法规中的监管提出质疑，“与之前已存在的监管和评级机构自我监管相比，此法规或许不能带来什么实质变化”[51]。迪米特里奥斯·舒迪斯（Dimitrios Soudis）不认为评级机构会因此受到影响，意味着监管评级机构不会起到什么作用。[52]安滕布林克和 K.海涅（K. Heine）认为，美国和欧盟的立法行动“旨在增加对信用评级机构活动的监督，毕竟没有约束力的国际标准和自我监管承诺已被证伪”，这种“对市场失灵的反应”并不令人惊讶。[53]

他们表示，“对监管的应激行动”是可以预见的。不过作者们质疑，注册和认证制度是否实际上是“南辕北辙”。行为科学表明，公开化的监管甚至会引发信用评级“进一步的过度自信”，也会增加外界对其的过度依赖；“引入许多旨在提高信用评级质量和可靠性的措施，这可无助于抑制投资者对评级的依赖。”[54]

安德烈斯·克鲁克（Andreas Kruck）还担心，对评级机构的监管强化了信用评级机构作为“被认可的、值得信赖的私营权威”的角色，并推动了其“私营治理者的角色……被逐步制度化”。[55]克鲁克指出，考虑到评级机构与金融系统已是根盘错节，美国监管机构在应对这些美国资本市场的“要角”时难度很大。[56]拉维·阿卜杜拉(Rawi Abdelal)和马克·布莱思(Mark Blyth)对此表示赞同。[57] 斯蒂法诺·帕利亚里(Stefano Pagliari)认为,欧洲的监管变化减少了对评级机构等市场纪律中介的依赖。[58] 埃里克·赫莱纳(Eric Helleiner)和王红缨认为,来自新兴市场的新评级机构带来的竞争不太可能挑战地位牢固的美国评级机构。[59] 安德烈斯·诺尔克(Andreas Nölke)将欧洲监管评级机构的努力解读为降低金融市场"极端波动"的一环,表明人们认为评级机构的作为使金融危机愈发恶化。[60]

大约在《多德—弗兰克法案》成法之时,金融稳定委员会开始了一项行动,以图减少对信用评级的依赖(如表 2.3 所示)。[61] 这一举措背后的理由是,出于监管和投资指引对评级的依赖,市场对评级变化会产生机械性的应激反应。金融稳定委员会表示,过度依赖评级或会导致遭到评级下调证券被强制抛售,使得情况雪上加霜,在金融危机时期尤为如此。因此,如果减少对信用评级的监管依赖,评级行动将不会有那么大的影响,出现羊群效应的可能性也将降低。

大部分二十国集团(G20)国家的公共部门已遵守了金融稳定委员会的原则,美国和欧盟的执行速度尤其快,执行得更完整。[62] 然而,巴塞尔银行监管委员会迟迟未将评级要求从资本充足率标准中删除,金融稳定委员对此颇有意见。事实证明,让市场参与者放弃使用信用评级更为困难。自金融稳定委员会倡议后的十多年来,评级的市场利用程度没有发生变化。有证据表明,外界对信用评级机构的依赖持续存在,"尤其是在私人合同、投资委托、内部管理和抵押协议等方面"[63]。巴塞尔银行业监督委员会随后提出《修订版巴塞尔协议Ⅲ》(通常称为《巴塞尔协议Ⅳ》),提议将评级从资本充足率程序中排除，但市场代表纷纷反对。[64]美国银行家协会强调了评级的国际使用、广泛接受，以及市场参与者对于放弃评级的抵触等情况。[65]巴塞尔银行监管委员会最终为信用评级机构设立了“新常态”：只有银行所在司法辖区继续允许出于监管目的使用评级时，银行才可以从2022年起将评级用于信用风险计算的标准法中。[66]这些标准类似于国际证监会组织的《信用评级机构基本行为准则》。[67]

表2.3　金融稳定委员会关于评级机构改革的政策工作

年份	措　　施
2008	《金融稳定论坛关于增强市场和机构韧性的报告》，其中第四节专注评级机构的改革。该报告对评级质量提出了批评，特别是历史数据不足和评级模型缺陷的问题，认为，由于评级机构参与了结构融资产品的设计，评级在这种产品中的利益冲突可能更严重。强烈建议评级机构为扩展工作领域配备充足的资源，并审查数据源的质量。对投资者和监管机构过度依赖评级发出警示。
2010	《减少对信用评级机构评级依赖的原则》在10月发布，专注于市场参与者、监管机构和央行对评级的使用。其驱动因素是出于对写入法律以及市场实践中的评级门槛可能引发羊群效应和悬崖效应的担忧。
2012	《减少对信用评级机构评级依赖的路线图》在11月发布。确定了降低监管对评级依赖的步骤，并要求金融机构创建(或重建)自己的信用风险评估职能。
2013	《向二十国集团提交的关于降低对信用评级机构的依赖并加强对信用评级机构监管的进展报告，以及关于降低对信用评级机构评级依赖的金融稳定委员会原则的专题审查——中期报告》在8月发布，提交至G20圣彼得堡峰会。
2014	《关于降低对信用评级机构评级依赖的金融稳定委员会原则的专题审查——最终报告》在5月发布，认为，许多国家围绕金融稳定委员会原则所采取的行动仍有欠缺，并指出创建新的信用风险评估系统所面临的挑战。

资料来源：改编自https://www.fsb.org/policy_area/cras/和https://www.fsb.org/work-of-the-fsb/implementation-monitoring/other-areas/。

尽管金融稳定委员会的举措在减少公共部门的评级使用上获得了一定成功，但私营部门仍在广泛使用信用评级。评级并非纯粹的技术性事项，不像某些电脑零部件那样可开可关。评级的生成过程实际上也不是由国家政府及部委所管理的。市场参与者乐于就评级形成自己的判断，并未对如何使用评级进行讨论。[68]有一种论调是将信用评级机构的市场权威视为监管的产物，但这恐怕是对评级机构所提供价值的过于简单的理解。

我们应该如何理解评级机构呢？首先，信用评级与人们通常的认知大相径庭。事实证明，信用评级不是简单的计算，不是Excel表上的数字，更不是电脑算法的产物，而是对未来的预测。如果这还不能让信用评级显得足够深奥，那么需要知道的是，信用评级的分析过程综合使用了定性和定量信息。我们还知道，信用评级无论对于发行人还是对于投资者来说都非常重要，而且随着资本市场作为融资场所的地位的提升，信用评级的重要性也随之提升。信用评级的重要性是我们身处的时代的特有现象。

虽然信用评级过程并非有意地意识形态化，但它显然具有语义内涵，因此必然存在偏向某些发行人或某些行为或政策的情况。在评级过程的核心，存在我所说的“评级正统性的心理框架”[69]。这种认知框架与对投资者利益的认知有关，毕竟评级机构将投资者视为自己的委托人。评级正统性的心理框架可被视为评级机构结构性权力的一个特征，它融合了关于知识的假设，即把评级定义为一个技术过程，认可知识来源之间存在优劣之别。这种世界观的局限性意味着，在其他条件相同的情况下，信用评级的顺周期特征有其必然性，也必然导致在危机时期可能会使糟糕的形势雪上加霜。

在评级机构问世后的一个世纪里，对评级机构的基础假设已从行业起步时显著的历时性特征转变为 2007 年全球金融危机初时的高度共时性特征。2007 年之前的数年里，评级机构的信用评估变得越来越具共时性，它们参与创建并完善新型、奇异的金融工具，而将它们自认的委托人* 的利益撇开不顾。这种转变可以通过多种不同的方法来理解，我将在第三章中讨论。

注 释

1. 论信誉日益增长的重要性，见 Michel Feher，*Rated Agency*：*Investee Politics in a Speculative Age*(New York：Zone Books，2018)。
2. 见穆迪投资者服务公司，“Limitations to Uses of Ratings，” https：//www.moodys.com/ratings-process/Ratings-Definitions/002002，访问时间：2016 年 8 月 15 日。
3. Moody's，“Limitations.”
4. Moody's，“Limitations.”
5. Moody's，“Limitations.”
6. Constantine von Hoffman，“Why Are the Ratings Agencies Still in Business?，” *CBS News*，May 3，2012，http：//www.cbsnews.com/news/why-are-the-ratings-agencies-still-in-business/，访问时间：2012 年 5 月 3 日。
7. Girish Menon，“Ratings Agencies—The Power of Modern Day Astrologers，” *Global Policy*，June 29，2012，http：//www.globalpolicyjournal.com/blog/29/06/2012/ratings-agencies-power-modern-day-astrologers，访问时间：2016 年 8 月 15 日。
8. Stephen Grenville，“Australia's AAA Credit Rating under Threat，but Who Cares?，” *The Interpreter*，July 11，2016，http：//www.lowyinterpreter.org/post/2016/07/11/Australias-AAA-credit-rating-under-threat-but-who-cares.aspx，访问时间：2016 年 8 月 15 日；Ross Gittins，“Oh No，Not a Credit Rating Downgrade，” *Sydney Morning Herald*，July 10，2016，https：//www.smh.com.au/business/ross-gittins-oh-no-not-a-credit-rating-downgrade-

* 即投资者。——译者注

20160709-gq25vg.html，访问时间：2016 年 7 月 10 日；Martin O'Rourke，"Do Credit Rating Agencies Still Matter?，" TradingFloor.com，April 9，2016，https://www.tradingfloor.com/posts/do-credit-rating-agencies-still-matter-7418030，访问时间：2018 年 6 月 14 日。关于主权评级，见 Matthew Lynn，"Opinion：About to Lose Your Triple-A Credit Rating? No One Cares Anymore，" *MarketWatch*，November 11，2015，https://www.marketwatch.com/story/about-to-lose-your-triple-a-credit-rating-no-one-cares-anymore-2015-11-11，访问时间：2015 年 11 月 11 日。关于系统性的应对，见 Dimitrios Soudis，"Credit Rating Agencies and the IPE：Not as Influential as Thought?，" *Review of International Political Economy* 22，no.4(2015)：813—837。并见 Dimitrios Soudis，*Looking under the Hood：Embedded Actors and Local Institutions in the Making of Globalization*（Groningen，the Netherlands：University of Groningen，2014）。

9. 关于利益冲突问题，见 Charles W. Calomiris and Stephen H. Haber，*Fragile by Design：The Political Origins of Banking Crises and Scarce Credit*（Princeton，NJ：Princeton University Press，2014），266—269。另见 John Kay，*The Long and the Short of It*（London：Erasmus Press，2009），164。

10. Mahir Binici，Michael Hutchison，and Evan Weicheng Miao，"Are Credit Rating Agencies Discredited? Measuring Market Price Effects from Agency Sovereign Debt Announcements，" Bank for International Settlements，BIS Working Papers，No.704，February 2018；Patrick Kingsley，"How Credit Ratings Agencies Rule the World，" *The Guardian*，February 12，2012，https://www.theguardian.com/business/2012/feb/15/credit-ratings-agencies-moodys，2016 年 2 月 18 日访问；Rick Salutin，"Bond Rating Agencies Have a Lot of Nerve：Salutin，" *Toronto Star*，July 17，2014，https://www.thestar.com/opinion/commentary/2014/07/17/bond_rating_agencies_have_a_lot_of_nerve_salutin.html，2014 年 7 月 21 日访问。另见 Nouriel Roubini，"Rating Agencies Still Matter—and That Is Inexcusable，" *Financial Times*，August 10，2015，https://www.ft.com/content/750fc7b0-3f41-11e5-b98b-87c7270955cf，accessed August 10，2015；Kai Ryssdal，"Big Three Credit Rating Agencies Still Hold a Huge Amount of Power，" *Marketplace*，March 11，2016，https://www.marketplace.org/2016/03/11/world/big-three-credit-ratings-agencies-still-hold-huge-amount-power，2016 年 3 月 11 日访问。有关该问题的详尽审查，见 Fernando Gonzalez et al.，"Market Dynamics Associated with Credit Ratings：A Literature Review，" European Central Bank，Occasional Paper Series，No.16，June 2004。

11. Timothy W. Martin，"Moody's Profit Falls，Hurt by Foreign Exchange，" *Wall Street Journal*，February 5，2016，http://www.wsj.com/articles/moodys-profit-falls-hurt-by-foreign-exchange-1454676926，访问时间：2016 年 8 月 19 日。

12. 来自纽约证券交易所的数据：https://www.google.com/search?rlz=1C1CHBF_en-GBGB831GB831&tbm=fin&sxsrf=ACYBGNT3Ac19JW-PRqpwyXQ6O4mdcy4sDw:1575296276124&q=NYSE:+MCO&stick=H4sIAAAAAAAAAONgecRoyi3w8sc9YSmdSWtOXmNU4-IKzsgvd80rySypFJLgYoOy-KR4uLj0c_UNzKuyK8oMeBaxcvpFBrtaKfg6-wMAXMZQO0YAAAA&biw=1536&bih=722#scso=_-yDlXb_lG5TXgQbMy6qoAg5:0.

13. 关于这种权力形式，见 Susan Strange, *States and Markets*(London: Pinter, 1988); Peter Miller and Nikolas Rose, "Governing Economic Life," *Economy and Society* 19, no.1 (1990):1—31; and Bartholomew Paudyn, *Credit Ratings and Sovereign Debt: The Political Economy of Creditworthiness through Risk and Uncertainty*(Basingstoke: Palgrave Macmillan, 2014)。

14. 例如，见 Langohr and Langohr, *The Rating Agencies and Their Credit Ratings*。

15. 关于这些评级机构委员会的活动和记录的唯一公开讨论可以在美国证交会的报告中找到，例如 *Summary Report of Issues Identified in the Commission Staff's Examinations of Select Credit Rating Agencies*, July 2008, https://www.sec.gov/files/craexamination070808.pdf, 访问时间:2016年3月3日。

16. Rawi Abdelal and Mark Blyth, "Just Who Put You in Charge? We Did: CRAs and the Politics of Ratings," in *Ranking the World: Grading States as a Tool of Global Governance*, ed. Alexander Cooley and Jack Snyder, 39—59 (Cambridge: Cambridge University Press, 2015), 54.

17. 发展这种思维方式的一个关键文本，见 Frank H. Knight, *Risk, Uncertainty and Profit* (Washington, DC: Beard Books, 2002 [1921])。

18. 关于委托人和代理人，见 John W. Pratt and Richard J. Zeckhauser, *Principals and Agents: The Structure of Business*(Boston: Harvard Business School Press, 1991)。

19. Timothy J. Sinclair, "Between State and Market: Hegemony and Institutions of Collective Action under Conditions of International Capital Mobility," *Policy Sciences* 27, no.4 (1994):447—466. 关于结构性权力，另见 Susan Strange, *The Retreat of the State: The Diffusion of Power in the World Economy*(Cambridge: Cambridge University Press, 1996), 25—27。

20. 如詹姆斯·伯纳姆(James Burnham)所述，*The Managerial Revolution*(New York: John Day, 1941)；另见 Adolf Berle and Gardiner C. Means, *The Modern Corporation and Private Property*(New York: Macmillan, 1932)。

21. John Authers, "Incredible Shrinking of Banks as Clients Go Elsewhere," *Financial Times*, June 23, 2014, 14. 另见标准普尔评级服务公司，*Banking Disintermediation in Europe—A Slow-Growing Trend*, October 12, 2015, www.standardandpoors/ratingsdirect, 2017年4

月 23 日。

22. 关于这一现象，见 Lena Rethel and Timothy J. Sinclair, *The Problem with Banks*(London: Zed, 2012)。

23. Authers, "Incredible Shrinking of Banks," 14.

24. 有关机构的历史，见 Bruce G. Carruthers, "From Uncertainty toward Risk: The Case of Credit Ratings," *Socio-Economic Review* 11(2013): 525—551; Marc Flandreau, Norbert Gaillard, and Frank Packer, "To Err Is Human: US Rating Agencies and the Interwar Foreign Government Debt Crisis," *European Review of Economic History* 15(April 2011): 495—538；另见 Marc Flandreau and Gabriel Geisler Mesevage, "The Separation of Information and Lending and the Rise of the Rating Agencies in the USA(1841—1907)," *Scandinavian Economic History Review* 62, no.3(2014): 213—242; Daniel Cash, *The Role of the Credit Rating Agencies in Responsible Finance* (Basingstoke, UK: Palgrave Macmillan, 2018), 47—52。

25. 尽管安达信不再提供审计和会计服务，但安达信咨询在 2001 年 1 月更名为埃森哲并继续运营。

26. 关于在金融机构的监管中使用评级，见 Timothy J. Sinclair, *The New Masters of Capital: American Bond Rating Agencies and the Politics of Creditworthiness*(Ithaca, NY: Cornell University Press, 2005), 42—49。

27. Lawrence J. White, "The Credit Rating Agencies," *Journal of Economic Perspectives* 24, no.2 (Spring 2010): 213.

28. Frank Partnoy, "The Siskel and Ebert of Financial Markets? Two Thumbs Down for the Credit Rating Agencies," *Washington University Law Quarterly* 77, no.3(1999): 619—712.

29. 莱在 2006 年去世，所以未来得及判刑。他的定罪随后被取消。

30. 这是伦敦金丝雀码头惠誉评级全球分析负责人伊恩·林内尔(Ian Linnell)在 2014 年 10 月 2 日提出的观点之一。马修·P.理查森(Matthew P. Richardson)、马蒂·G.苏布拉曼亚姆(Marti G. Subrahmanyam)、劳拉·L.维尔德坎普(Laura L. Veldkamp)和劳伦斯·J.怀特(Lawrence J. White)也提到了这些合规成本，"Credit Rating Agencies and the Financial CHOICE Act," in *Regulating Wall Street: CHOICE Act vs. Dodd-Frank*, ed. Matthew P. Richardson, Kermit L. Schoenholtz, Bruce Tuckman, and Lawrence J. White (New York: Center for Global Economy and Business, New York University Stern School of Business, 2017), 168。

31. Dodd-Frank Act, p.497.

32. Ginevra Marandola and Timothy J. Sinclair, "Credit Rating Agencies Are Poorly Understood and the Rules Developed for Them Will Not Work," *Handbook of the Geogra-*

phies of Money and Finance, ed. Jane Pollard and Ron Martin(London: Edward Elgar, 2017), 22. 另见 Norbert J. Gaillard and Michael Waibel, "The Icarus Syndrome: How Credit Rating Agencies Lost Their Quasi Immunity," *SMU Law Review* 71, no.4(Fall 2018):1077—1116。尽管 2011 年颁布了《资产支持市场稳定法》(Asset-Backed Market Stabilization Act),盖拉德和韦贝尔认为,自评级机构开始对结构性金融问题进行评级以来,评级已变得更具咨询性,法院的回应是削弱了它们的宪法第一修正案权利。见 Gaillard and Waibel, "The Icarus Syndrome," 1080—1081。

33. Richardson et al., "Credit Rating Agencies and the Financial CHOICE Act," 169—170.

34. Richardson et al., 170.

35. Richardson et al., 171.

36. Marc Joffe, "Congress Should Open the Door to Not-for-Profit Credit Rating Agencies," *Oxford Business Law Blog*, March 2, 2018, https://www.law.ox.ac.uk/business-law-blog/blog/2018/03/congress-should-open-door-not-profit-credit-rating-agencies, September 2, 2020.

37. U.S. Securities and Exchange Commission, *Report to Congress on Assigned Credit Ratings, as Required by Section 939F of the Dodd-Frank Wall Street Reform and Consumer Protection Act* (Washington, DC: US Securities and Exchange Commission, December 2012).

38. James Morphy, "SEC Amends Rules Related to Credit Rating Agencies," December 10, 2009, https://corpgov.law.harvard.edu/2009/12/10/sec-amends-rules-related-to-credit-rating-agencies/, 访问时间:2017 年 4 月 16 日。

39. Steven G. Bordy and Cynthia Hanawalt, "Dodd-Frank: Rating Agencies and the ABS Market," *Law360*, January 24, 2011, https://www.morganlewis.com/-/media/files/docs/archive/dodd-frank-rating-agencies-and-the-abs-market_6247pdf.ashx,访问时间:2020 年 9 月 14 日。

40. Bordy and Hanawalt, 1.

41. 引用于 Bordy and Hanawalt, 2。

42. *Annual Report on Nationally Recognized Statistical Rating Organizations*(Washington, DC: US Securities and Exchange Commission), September 2009, 21.

43. Bordy and Hanawalt, "Dodd-Frank," 2.

44. "Fitch Comments on U.S. Financial Reform Act's Implication for Credit Rating Agencies," July 19, 2020, https://www.businesswire.com/news/home/20100719006158/en/Fitch-Comments-U.S.-Financial-Reform-Acts-Implication,访问时间:2020 年 9 月 14 日。

45. Bordy and Hanawalt, "Dodd-Frank," 3.

46. 本段引用了 "Global Financial Crises," in *Issues in 21st Century World Politics*, 3rd ed., ed. Mark Beeson and Nick Bisley(London: Palgrave Macmillan, 2017), 167。另见 Andreas

Kruck, "Resilient Blunderers: Credit Rating Fiascos and Rating Agencies' Institutionalized Status as Private Authorities," *Journal of European Public Policy* 23, no.5(2016):753—770。

47. European Parliament, Committee on Economic and Monetary Affairs, "Draft Report on the Proposal for a Regulation of the European Parliament and of the Council on Credit Rating Agencies," Strasbourg, January 13, 2009. 夸利亚(Quaglia)解释了欧盟如何转向更积极的评级机构监管方式,以及评级机构如何游说以减少新规则的规定。Lucia Quaglia, "The Regulatory Response of the European Union to the Global Financial Crisis," in *Crisis and Control: Institutional Change in Financial Market Regulation*, ed. Renate Mayntz(Frankfurt: Campus Verlag, 2012), 180.

48. European Parliament, Council of the European Union, Regulation(EC) No.1060/2009 of the European Parliament and of the Council of 16 September 2009 on credit rating agencies (text with EEA relevance), OJ L 302, November 17, 2009.

49. European Parliament, Council of the European Union, Regulation(EU) No.513/2011 of the European Parliament and of the Council of 11 May 2011 amending Regulation(EC) No. 1060/2009 on credit rating agencies(text with EEA relevance), OJ L 145, May 31, 2011. 另见 European Parliament, Council of the European Union, Regulation(EU) No.462/2013 of the European Parliament and of the Council of 21 May 2013 amending Regulation(EC) No.1060/2009 on credit rating agencies(text with EEA relevance), OJ L 146, May 31, 2013a。另见 European Parliament, Council of the European Union, Directive 2013/14/EU of the European Parliament and of the Council of 21 May 2013 amending Directive 2003/41/EC on the activities and supervision of institutions for occupational retirement provision, Directive 2009/65/EC on the coordination of laws, regulations, and administrative provisions relating to undertakings for collective investment in transferable securities (UCITS), and Directive 2011/61/EU on Alternative Investment Funds Managers in respect of overreliance on credit ratings(text with EEA relevance), OJ L 145, May 31, 2013b。

50. 伊恩·林内尔向我解释说,虽然美国和欧盟制定的具体监管措施的优点可以讨论,但最近对评级机构进行的重新监管产生了一个有用的事情,那就是每年都会在巴黎和华盛顿特区轮流举办一个监管学院。分别由欧洲证券和市场管理局和美国证交会主办。正如他对我所描述的一样,该活动听起来非常像一场学术座谈会,促进了监管机构之间以及监管机构与评级机构之间的思想交流。2020 年 9 月 22 日,采访伦敦金丝雀码头惠誉评级总裁伊恩·林内尔。

51. F. Amtenbrink and J. De Haan, "Credit Rating Agencies," DNB Working Papers, No.278 (Netherlands Central Bank, Research Department, 2011), 33.

52. Soudis, "Credit Rating Agencies and the IPE," 830.

53. F. Amtenbrink and K. Heine, "Regulating Credit Rating Agencies in the European Union: Lessons from Behavioural Science," *Dovenschmidt Quarterly* 2, no.1(2013):13.

54. Amtenbrink and Heine, 12.

55. Kruck, "Resilient Blunderers," 765, 754.

56. Andreas Kruck, "Asymmetry in Empowering and Disempowering Private Intermediaries: The Case of Credit Rating Agencies," *Annals of the American Academy of Political and Social Science* 670, no.1(2017):135.

57. Abdelal and Blyth, "Just Who Put You in Charge?," 59.

58. Stefano Pagliari, "Who Governs Finance? The Shifting Public-Private Divide in the Regulation of Derivatives, Rating Agencies and Hedge Funds," *European Law Journal* 18, no.1 (2012):44.

59. Eric Helleiner and Hongying Wang, "Limits to the BRICS' Challenge: Credit Rating Reform and Institutional Innovation in Global Finance," *Review of International Political Economy* 25, no.5(2018):573.

60. Andreas Nölke, "Financialisation as the Core Problem for a 'Social Europe,'" *Revista de Economía Mundial* 46(2017):41.

61. 金融稳定委员会的这一讨论借鉴了朱利娅·门尼罗(Giulia Mennillo)和蒂莫西·J.辛克莱(Timothy J. Sinclair),"A Hard Nut to Crack," 266—286; Financial Stability Board, *Principles for Reducing Reliance on CRA Ratings* (Basel, Switzerland: Financial Stability Board, 2010), https://www.fsb.org/wp-content/uploads/r_101027.pdf?page_moved=1, 访问时间:2017年7月6日。

62. Matthew Attwood, "FSB Demands Action on Credit Rating Agencies," *fn Financial News*, August 30, 2013, https://www.fnlondon.com/articles/fsb-demands-faster-action-on-ratings-agencies-20130830,访问时间:2020年7月3日。

63. Financial Stability Board, *Thematic Review on FSB Principles for Reducing Reliance on CRA Ratings—Peer Review Report*, May 12, 2014, 2, https://www.fsb.org/2014/05/r_140512/,访问时间:2019年7月19日。有关早期更为关键的评估,见 Francesco de Pascalis, "Reducing Overreliance on Credit Ratings: Failing Strategies and the Need to Start from Scratch," *Amicus Curiae* 91(Autumn 2012):17—21。

64. Sid Verma, "Bank Regulation: 'Basel Ⅳ' Sparks Banker Fury," *Euromoney*, March 5, 2015, https://www.euromoney.com/article/b12klgs5681h0r/bank-regulation-basel-iv-sparks-banker-fury,访问时间:2019年7月19日。

65. De Pascalis, "Reducing Overreliance on Credit Ratings," 20.

66. "Standardised Approach: Use of Credit Ratings," *Basel Framework*, December 15, 2019,

https://www.bis.org/basel_framework/chapter/CRE/21.htm?inforce=20220101,访问时间:2020年7月3日。

67. IOSCO,"Code of Conduct Fundamentals for Credit Rating Agencies," https://www.iosco.org/library/pubdocs/pdf/IOSCOPD482.pdf,访问时间:2020年7月4日。

68. "WSBI-ESBG Response to BCBS Consultation on Revisions to the Standardised Approach for Credit Risk—Second Consultative Document," March 2016, https://www.wsbi-esbg.org/press/positions/Pages/WSBI-ESBG-response-to-BCBS-consultation-on-revisions-to-the-Standardised-Approach-for-credit-risk-%E2%80%93-second-consultative-doc.aspx,访问时间:2020年7月4日。

69. Sinclair, *The New Masters of Capital*, 69—70.

如何认识评级机构

3

想想俄罗斯轮盘和扑克之间的区别。玩俄罗斯轮盘时，你押红区一百万美元，赌桌上什么都不会变。荷官转盘的方式既不会变，也与你的押注毫无关系。但如果是打扑克，你抽了一张牌，然后下注一百万美元，那赌桌上所有玩家都会做出反应——或盖牌、要牌或加注，还要根据你的行动再制定下一步的策略。很多模型把贝尔斯登当作俄罗斯轮盘局，但其实它是扑克局。

——道格拉斯·布鲁特，《曼哈顿的幽灵》

安然公司破产后，公众第一次关注到了评级机构的作为。在此之前，财经媒体和商学院主导了公众对评级机构的理解。正因如此，公众形成了对评级机构的狭隘认识，更无从理解评级工作面对的挑战；反而，人们只是将其视为单纯的技术工作，毫无拿捏"轻重缓急"的挑战，所以认为把评级托付给评级机构十分安全。

全球金融海啸激发了评级机构研究学派的发展，学术讨论蓬勃发展，甚至衍生出了不同的学派。对于如何区分和分类研究评级机构的学术思想，各人见解不同。我个人尚未关注发达国家外的学术观点。因为就本书目的而言，关键的评级机构是三大评级机构，而其主要行为地区是美国和欧洲。

在本章中，我首先简要检视了研究评级机构的主流方法，然后基于我对此课题的思考研究，我总结了认为理解评级机构的最佳方法——我称之为“社会基础法”。我认为“社会基础法”可以最为有效地捕捉评级机构的主要特征、评级流程及其评级的影响。某种意义上，尽管我认为大多数对评级机构的研究方法并未反映评级机构的实质重要性，但我的思考也从各家之所长上获益良多。下面我先介绍这些主流方法。

市场中心法

市场中心法认为，评级机构可以被视作在经济系统内提供某种“功能”。[1]此观点认为，当银行不再稳坐借贷活动的中心地位时，评级机构解决了资本市场的具体需求。若换个角度理解此功能，可以说评级机构建立了某种心理意义上的“金规铁律”，从而降低了资本市场参与者的决策成本。[2]银行的性质发生了改变，在市场运作中的重要性也在降低，而评级机构则变得越来越重要了。环视全球各地的资本市场发展进程，评级寡头们却扮演了愈发重要的战略角色。

在市场中心法中，第一个分支理论侧重研究发行人如何获得更好的债券评级[3]。这种研究旨在调查评级流程，并找出有助于发行人获得更好信用评级结果的因素。这一分支理论假设评级机构具有十足的重要性，且资本市场参与者一定绕不开它们。直至20世纪90年代中期，这一分支理论主导了学术界对评级机构的研究工作。

第二个分支理论将研究重点放在评级机构对金融市场的实质贡献上。许多金融经济学家对评级机构存疑：他们主要研究评级机构究竟是否提供了新信息，因此才有存在价值？抑或是，评级机构仅提供了无价值的服务，并赚取费用；只不过出于某种原因，市场参与者也愿意购买罢了。[4]由于怀疑评级机构及其服务的价值，持此理论观点的学者普遍认为，“寻租者”是对评级机构最准确的理解。

在市场中心法中，第三个分支理论关注政府和法律的角色。这一分支认为评级机构在资本市场所拥有的权威仅是政府意志的体现[5]，即政府（特别是联邦政府）利用评级推进对养老基金的审慎管理，同时为了配合此目标对某些评级机构进行了认证。这些学者认为评级机构的权力仅仅是政府权力的倒影，而并非来自评级机构提供的任何东西。此分支理论被称为“监管牌照法”，支持这一分支的学者认为多年来的监管变迁（特别是NRSRO资质）创造了信用评级这样一个受保护的市场细分，而其中评级机构恰恰能将自身制度化，成为金融市场架构的核心功能。此方法亦认为，用监管条例形塑金融市场的做法已然“擦枪走火”，因为它造就了评级机构这种怪物，它们利用自己受政府保护的地位，上位“守门员”，盘剥其他市场参与者，提供劣质服务，还收取高额费用。

第三个分支中还存在着一个研究细分，即“法律牌照”，关注美国司法机构在金融界以评级为“审慎标准”的实践中的角色。[6]此分支研究认为信用评级在证券市场占据中心地位是由于外生性因素，而非内生性或内部因素，比如不仅是因为评级历史很长，评级机构就能获得认知重要性。尽管这一分支理论似乎仅论述了政府在创造评级寡头中所扮演的怪异角色，但它至少说明，研究评级机构时人们必须考虑公权力扮演的角色。不过，即使增加了对公权力的研究，此分支仍属于市场中心法，因为它将信用评级视为某种对“常态”或“自然态”的市场运作的一种扭曲性、破坏性的外力介入。

市场中心法的研究关键在于对信息的假设。金融经济学家质疑评级机构能否提供新信息，或提供无法通过公开途径获取的信息，这说明他们认为市场信息或市场参与者信息唾手可得，且成本低廉。此外，这也说明了市场中心法的观察者认为评级机构的“判断”价值有限，并否定评级机构历时百年的分析经验能为评级提供实质价值。这一学派否定了评级机构的经验和长期市场观察价值，说明他们对市场和像评级公司这样的机构具有强烈的共时性思维。在这个逻辑下，只有透明的、且可被度量的信息才有价值。

于是乎，即便商学院的分析师以严肃态度对待评级机构，一般也只是将其视为存在于世的“不幸事实”。这也就意味着，无论再怎么非理性都好，评级机构的确对发行人的融资成本和融资能力有着实质的影响。[7]若采取这样的视角，20 世纪资本市场所孕育的评级机构或许仅仅是驯化了市场（特别是在经济危机时），而非某种通过集体行为让市场得以运作的系统性要件。从这个意义而言，这些学者将评级机构视为是一种外部“滋扰”，而非真正对市场效率有裨益。

市场中心法对理解评级机构是有积极贡献的，特别是对评级机构表现的度量。市场中心法学者试图探究评级机构的重要性是如何体现的，以及其重要的程度。市场中心法还以“解决问题”为目的，可为想获得特定评级结果的债券发行人所用。哪怕最终并不成功，但是这些学者仍然对优化信用评级做出了积极的努力。

虽然以市场中心法理解评级机构可能务实且有效，但是它却是基于对金融市场运作的某种乌托邦式的念想。市场中心法隐含了一种底层认知：市场是自然形成且自然存在的，而非人类集体互动的社会性和历史性的表现形式，亦非由政府和法律创造、支持和治理。这种“市场是自然形成”的认知，时常会低估为解决市场问题而设立机构的必要性。由于此派论点不承认评级机构拥有认知权威，它们无法解释为什么 2007 年全球金融危机后评级机构虽为千夫所指却仍得以存续。因此，市场中心法无法解决本书第二章提出的主要谜团。

民粹视角

媒体上每天都有大量关于评级机构的热烈讨论，而若评级机构发布评级降级的消息，讨论还会更多。大多数的外界评论对评级机构持有敌意，甚至学术性和专业性的评论有时亦是如此。[8]虽然人们可能忍不住批评这些民粹观点缺乏严肃性，但是这些观点有其重要性，因为无论这些观点是否站得住脚，集体性观点往往都能产生重大政治经济影响。对华尔街的敌意在美国政坛由来已久，不过自南北战争后的西部开发时代起，这种敌意促进了美国的政治改革。

对评级机构的学术讨论不仅存在于美国，还存在于欧洲和亚洲。许多英国伦敦和欧洲金融行业的专业讨论比较认同市场中心法，但欧洲大陆国家则时常针对三大评级机构的美资背景和美式思维进行批评，特别是这些思维与欧洲的差异。全球金融海啸后，主权债务危机在欧洲上演，对评级机构的批评声浪随之甚嚣尘上。在这些紧张情绪下，欧洲也为设立欧洲背景的评级机构一事反复讨论了二十年。作为此类讨论的直接产物，2002 年德国成立了“Scope 评级”公司，总部位于柏林。[9] Scope 评级由标普前高管领军，只采用公开信息进行评级。二十年后，尽管 Scope 评级仍有挑战三大评级机构的雄心，但它的全球市场份额却微不足道，即便在欧洲也只有 0.5%。[10] 像三大评级机构一样，Scope 评级的经营模式仍是“发行人付费”。可能是出于与美国的地缘摩擦，俄罗斯和亚洲新兴市场对三大评级机构的敌意更大。[11] 中国市场也存在类似的紧张关系，但中国于 2020 年开始放宽外资评级机构为中国公司进行评级的限制。[12]

这种对评级机构（以及广义的金融和银行业）的民粹思考方式也有其底层认知：有人在故意操纵市场，这会带来不良后果。评级机构似乎是实现市场操纵的帮凶之一，否则市场原本应该产生更公平、更“自然”的结果。

这种对金融以及评级机构的民粹视角，反映了商业文化并不具有普世性。此学派认为，在美国市场，大企业与中小企业之间尚且存在商业文化差异，更何况是美国之外那些拒绝接受美国规范

(如法律等)的金融市场参与者。

民粹主义观点的贡献在于将政治因素纳入了对评级机构的理解。这与市场中心法形成了鲜明对比,因为它们认为政治总是存在于市场之外。虽然民粹主义者未必能洞悉对评级机构的政治面因素,他们的确避免了许多市场中心法分析师的乌托邦主义。

民粹主义观点突出了评级机构工作中隐含的“美国假设”,这是它们的又一贡献。尽管民粹主义者还未对“美国假设偏见”形成清晰论述,但其基本思想是正确的:美国背景的确对评级机构存在影响。这种影响已渗透进评级的核心思维,润物细无声。

最后,民粹主义还有助于认识华尔街对社会财富分配的影响,以及揭示评级机构更广泛的社会经济影响。这或许还意味着,我们需要对评级机构有新的评判标准。

批判性观点

批判主义学派以资本主义制度为大背景评价评级机构。资本主义是一种生产模式,影响着社会关系和社会治理。传统而言,马克思主义原理以生产关系来分类人群,比如生产的所有者或控制者,抑或仅仅是劳动者,即靠出卖劳力服务于他人所支配的生产资料。罗伯特·W.考克斯(Robert W. Cox)等当代批判主义学者认为,评级机构是近几十年来不断强化的资本结构性力量的组成部分。[13]这种资本力量认为,政府需要依靠私营企业创造就业和税收。自20世纪70年代以来,生产率增长停滞,通货膨胀加剧,国家债务问题不断显现；结构性权力使评级机构在内的“类纪律审查机构”更加大胆；而在经济形势好的时候，这些机构的重要性并不如此显著。随着债务融资变得愈发重要，政府和企业都力求与评级机构建立良好的关系。[14]

为了探讨评级机构的角色，考克斯列举了魁北克省（1976 年）和安大略省（1990 年）的地方政府评级案例，并讨论了 1991 年通用汽车公司（General Motors）的案例。[15]考克斯指出，即便是对被誉为“美国经济旗舰”的通用汽车公司而言，当其信用评级突然被调降时，也会赫然发现自己只不过是“华尔街金融操纵游戏的配角”。考克斯认为评级机构参与了市场操纵，“已与生产活动脱节，成为一种独立力量，一个凌驾于实体经济之上的独裁者”[16]。

考克斯认为评级机构的“操纵动机”是对即时收益的短期的、共时性的担忧，他们不关心评级产业的长期发展，而评级产业的发展正需要一种历时性心态。他认为，评级机构是苏珊·斯特兰奇（Susan Strange）所称的“赌场资本主义”崛起的代表，伴随了对就业和生产性资本的破坏。[17]

批判主义的关键假设是：资本主义体系（或当前资本主义的霸权形态）正处于尖锐危机之中——生产力增长乏力，收入停滞，不平等现象加剧。这些问题使得对社会及资本主义本身的管理越来越困难，政府在资源筹集上也面临巨大的挑战，而评级机构面临的大环境也自然愈加令人忧心。尽管这样的环境让评级机构变得更有话语权了，但同时也意味着，评级机构不断地被政治化，会面临更多更频繁的挑战。

批判主义视角有一个看似显而易见的结论，即以评级机构为代表的市场机构在任何意义上都不是中立的裁判。作为资本主义的组成部分，这些机构致力于维护资本主义的社会和政治关系，比如私有产权等。这意味着评级机构的存在为霸权性社会力量提供了支持。批判主义学派认为，政府之于资本主义的独立性是有限的。国家并非中立机制，而是资本家的国家，且近年来还一直受困于资本主义和自身财政的一系列危机。某些情况下，评级机构可能会对政府产生很大的牵制力。当然也并非总是如此，关键还取决于具体环境。

将评级机构置于特定的社会经济体系中进行观察和分析，可以提升我们对评级机构的作为和动机的认知。危机四伏的外部系统，解释了为什么过去三十年来评级机构的权力和存在感不断提高。

以批判性观点理解评级机构的问题在于，它是轻视信用评级和评级机构的。如果它们只不过是资本主义的云云建制之一，即批判性学者提出的历史性系统或结构，那么为什么我们还要费心研究评级机构呢？如此研究实为欠妥，因为我们对金融及其与资本主义国家的关系理解得还不够完善。评级机构在这些关系中扮演何种角色？它们又是如何应势变革？这些都不能简单地从评级作为资本主义建制的地位中得到答案，而是需要对此进行深入的调查研究。[18]

社会基础法

下面，请允许我介绍理解评级机构及其角色的最佳方法。这种方法是解决我在第一章中所分离的“谜团”的最佳路径，我称之为“社会基础法”。它演化自批判主义视角，又汲取了一些市场中心论的思想。[19]图 3.1 对比了评价评级机构的不同学派：纵轴代表的是更注重结构还是机构、横轴代表的是更注重物质（原始性事实）还是理论（社会性事实）。[20]

我认为纯粹解释评级机构的物质存在是自欺欺人。有学者反复试图论证（或反驳）评级机构因某个特定目的而必须存在，但却无法得出结论。评级机构必须被视为“重要行为体”，因为公众认为评级机构重要，并依据此认知行事。投资者经常互相参考行为，并“忽略实质性的非公开信息”[21]。事实上，无论学术界如何讨论评级机构的存在目标，公众仍会认定评级机构很重要。这意味着，市场和债券发行人有强烈动机认真地对待评级机构并依此行事。

结构的重要性	物质主义（原始性事实）	理想主义（社会性事实）
结构	批判性视角	经济社会学 建构主义 集体性观点 社会基础法 ⬇
代理人	市场中心论 民粹主义观点 权力论	观点

观点的重要性

图 3.1　思考评级机构的方法

资料来源：改编自 Chwieroth and Sinclair, “How You Stand Depends on How We See,” 461。

以社会基础法看来，评级的重要性就好像是山林草木和一国人口这样的客观存在，这是一个真实（或非真）的“原始性”事实，与公众理解无关，与基于个人感知的评级的意义也无关。[22]评级机构之所以具有其地位和重要性，核心在于公众所集体赋予的信念以及根据评级所采取的集体行动，即使这些信念并不一定正确。事实上，对于学术观察者而言，公众对评级机构的信念有些奇怪；但如果公众以此认知为行动（或不行动）的指向标，那这些信念无论如何都重要。轻视集体信念会忽略了一个事实：行为体在考虑自身行动时，必然考虑诸多社会事实。金融市场的特征就是思考社会事实的性质和方向、他人想法及行为预期。

根据社会基础法对评级的理解，评级机构的权力不仅源于对借贷成本的直接的、强制性的影响，还源于对公众认知以及对市场、体制和政府信心的广泛影响。此前我与克维罗思（Chwieroth）合作的国际资本流动的研究表明，原始事实和社会事实对于解读评级机构都很重要，因为社会基础法试图探究“评级机构在意识世界中的核心角色”，虽然这种方法不能被简单理解成建构主义，但它与建构主义和经济社会学的确有关联。[23]社会基础法承认三大评级机构的社会事实地位，也认可评级世界中的构思性主张。[24]图3.1中左边是市场中心论者，右边是建构主义者以及经济社会学家，与他们不同的是，社会基础法更“偏向代理人，也更聚焦评级机构自身说服性、表达性的行为”。向下的箭头则表示该方法逐渐“渗入”至右下象限。[25]社会基础法对评级机构权力的解读上比权力论的方法更胜一筹，因为后者只是关注“谁对谁有控制”的简单行为概念。社会基础法将基础社会关系纳入权力结构之中，而非仅仅研究特定行为体之间的互动。以债权人和债务人举例，两者互生互存，但他们的社会特权并不平等，对理解自己的角色也有不同看法；这些关系可能会让人忽视真正拥有结构性权力的集团霸权。[26]西尔(Sil)和卡赞斯坦(Katzenstein)认为,我用于理解评级机构的方法,可以被理解为他们所谓典型"分析折衷主义"[27]。

大多数研究评级机构的方式,把它们视为金融的外部因素,而视金融为自然存在的现象,并在外力作用下发生周期性金融危机。社会基础法不认为评级机构是狭义上的金融机构。它们是专业服务机构,但渗透进了庞大的金融机器之中。从这个意义上看,评级机构对金融和金融危机来说其实是内生性的,不是外部的或外生性的。持有外生性假设的学者认同弗里德里希·哈耶克(Friedrich Hayek)和米尔顿·弗里德曼(Milton Friedman)的观点。他们的观点迎合了20世纪30年代大萧条后盛行于大部分发达国家的抨击国家干预混合经济模式的思潮。当时的学者视市场的"自我运行"为真理,认为如果完全按照市场机制运行,资源就能得到最有效的分配。这一派学者认为金融危机是对市场平衡状态的一种偏离。

这一派思潮的代表是尤金·法玛(Eugene Fama)的强式有效市场假说。[28]有效市场假说的基本观点是,由于股票、债券、衍生品等价格完全基于全部可获得的信息,因此价格一定反映了证券的基础价值。然而,真实世界中的市场有效性体现在证券交易的供需平衡。如果有效市场假说成立,就不可能存在价格套利空间。强式有效市场假说,是一个关于信息以及信息是如何影响市场价格的强力主张。

鉴于市场有效性是外生学派的基础假设,这一学派侧重于从"外部"寻找原因,尤其是会将政府失能视为金融危机的根源。举例而言,弗里德曼将20世纪30年代大萧条归咎于1929—1930年他所称的不正确的美联储政策,而不是1929年10月股市崩盘。[29]

相比之下，内生学派认为金融有自我驱动的特征。马克思和波兰尼（Polanyi）认为，金融是由资本主义生产方式的内在“运动规律”驱动的。运动会不断产生变化和动荡，而并非趋向供需平衡。凯恩斯认为，“动物精神”或对投机的热情催生了人们的“赌性”。[30]凯恩斯的观点属于典型的内生学派，即市场交易者不仅会考虑金融市场之外的实体经济信息，他们还关注其他交易者的行为，试图通过预测他人的买卖活动而获利（或至少避免比市场平均表现损失更多）。正如阿卜杜勒（Abdelal）和布莱思（Blyth）的观点，即使评级在发布时已经过时，或者由于全球市场复杂而快速的交易而失去准确性，但评级产生的价格却使构建投资组合成为可能。[31]没有评级“这种定价和对风险的估计，复杂的市场就会无法运作”。[32]卡赞斯坦和斯蒂芬·尼尔森（Stephen Nelson）同意这一观点，他们认为，维持围绕评级的“高度技术性的形象”符合金融参与者和监管者的利益。[33]阿卜杜勒和布莱思进一步指出，这些机构已经达到了凯恩斯可能称之为“第四度”（fourth degree）的程度，即“评级塑造并影响了市场情绪，也影响了主权国家政策的可行性，而这些评级又是那些受评级影响的各方所要求的”[34]。鉴于此，充分理解金融的运作，需充分考虑谣言、惯例和其他社会因素。[35]根据这个理论，金融也受到社会生活问题的影响，正如其他所有人类活动一样。这样的金融系统，与有效市场假说中的自我调节概念相去甚远。“动物精神”由凯恩斯提出，后经乔治·阿克洛夫（George Akerlof）和罗伯特·希勒（Robert Shiller）进一步阐述，这个概念为商品市场带来了稳定性，而却未能在金融资产市场上带来稳定。当市场失去均衡，市场会无限制地扩大对金融资产或房地产资产的热情，从而催生所谓“泡沫经济”。不幸的是，正如我们所知，泡沫收缩或破灭的方式往往不可预测，且通常伴随着严重的负面后果。

出现涉及评级机构的危机时，人们往往会冲动地创建一个“更沉重”“更苛刻”，或某种程度上来说更“严肃”的规则框架进行监管。普遍的理解是，评级市场中一定有人做错了事情，就好像修理汽车的技工安装了错误的零部件。但是，机器设备和全球金融可谓是风马牛不相及。金融并不是一种物理现象，虽然和平年代的金融市场具有规律性，但是这些规律并没有定律属性。“变化”是所有社会机制永恒的特征，金融也不例外。

约翰·塞尔(John Searle)有效区分了两种监管规则：“对现有行为的前置性或独立监管”，和更具架构性的规则。后者或称为“构成性规则，它不仅进行监管，还主动创造或定义了新的行为形式”。[36]他进一步提出，无论是国际象棋还是足球，只有在一定规则下才有可能存在。正是构成性或结构性的规则造就了博弈。他强调，在全球金融危机期间，公众和精英的恐慌聚焦在监管规则(或缺乏监管规则)和那些违规嫌疑人身上。但这些不是评级机构本身的问题，也不是真正导致全球金融危机的原因。构成市场的深层次、结构性的规则，被恐慌情绪损坏了，而规则一旦被打破，基于构成性规则的行为就很难重组。

社会基础法表明，尽管在金融市场应用了大量的计算技术，但从古至今金融从来都不是无缝运行的、机械般的系统。[37]鉴于此，我们应该预料到市场会出现和存在动荡、变化、狂热和不安，尽管这些预期与关于市场的传统假设相悖。金融具有历时性特征并不出奇，对于评级机构来说，哪怕它们一直努力把经济和行业周期纳入分析框架中，进行充分有效的预测仍然极具挑战。这些假设表明，在充斥着金融创新的变革时期，评级机构经常会面对艰难的选择，而它们也一定会犯错。

社会基础法的关键特征在于关注公众对评级机构的看法，因为正是这种集体性的认知，或者阿卜杜勒和布莱思所称的"约定俗成的判断"，使得评级机构重要（或不重要）。[38]这些集体性观点是如何产生的，以及它们如何变迁，都是重要的研究课题。社会基础法关注公众的集体认知和遵循的做法，而不是评级机构的作为。这意味着对评级机构的研究具有"关系性"特征。为了保证质量，对评级机构的研究应基于社会背景，毕竟评级机构不是即插即用的零部件。这就是为什么在思考评级机构在全球金融危机中的角色时，即使我们可以直接证明那些评级机构"应该做什么"的言论无凭无据，我们也要认真严肃对待。我们的分析工作需要将评级机构"应该做什么"与其实际作为区分开来，只有这样才会形成最有说服力的理解。

"权威性"是评级机构与外部环境关系的重要特征。[39]所谓权威，我指的是评级机构通过被外界认可其认识论，进而产生对评级机构是"有效的、有经验且明智的"信用裁判的共识，形成某种类似法官的权威性。这一过程的核心是"历时性"的，评级机构的卓越性（只有经过时间考验），才能通过它们的评级判断得到广泛承认。在此基础上，市场、政界人士以及广大公众才会委托评级机构代理"判断"。戴维·莱克（David Lake）指出，评级机构会拒绝对一些债券进行评级，当然也会威胁下调一些评级，以此来"巩固权威"。[40]评级机构权威的稳固性及其在犯错时（或称之为"评级失败"时）所表现出来的韧性，是评级机构的重要特征，而这些特征通常会让非社会基础法论者感到沮丧。这种对权威的关注,解释了为什么三大评级机构似乎能抵御任何其他评级机构,哪怕是其他的国家认可统计评级组织(NRSRO)也不例外,因为没有任何一家其他评级机构拥有“权威性”这一重要的认知资产。

评级机构是耐人寻味的机构组织。20 世纪 90 年代初,新西兰、加拿大等国出现严重的财政问题时,富裕国家才意识到评级机构的力量。在此之前,评级仅是投资专业人士的小众兴趣。这意味着,人们从社会科学角度出发,真正尝试去理解评级机构尚不到 30 年的时间。经过多年的发展,研究领域出现了不同的流派,目前市场中心论和批判论的学说已比较明晰。民粹主义对于评级机构的理解方式更加富于变化,而其往往由大众传媒所形塑,而非学术研究。这三种思想流派各有所长,并启发了我在本章中详细讨论的社会基础法。不过前三种流派都较为短视,仅着重探究评级机构是什么、评级机构做什么,以及评级机构为什么如此重要,但他们似乎都让自己对评级机构的主观愿望影响了自己的理解。从这个意义上讲,我在本章中介绍的社会基础法最为务实,最能有助于有效理解评级机构是如何陷入危机,又是如何涅槃重生的。这一点,我会在后面几章中予以阐述。

注 释

1. 这一传统的学者包括 Kruck, “Resilient Blunderers” and “Asymmetry in Empowering and Disempowering Private Intermediaries”。

2. Jeffrey Heisler, “Recent Research in Behavioral Finance,” *Financial Markets, Institutions and Instruments* 3, no.5 (1994):78. 另见 Judith G. Kelley and Beth A. Simmons, “Politics by Number: Indicators as Social Pressure in International Relations,” *American Journal of Political Science* 59, no.1 (January 2015):55—70, quote from 57。

3. 参见 Langohr and Langohr, *The Rating Agencies and Their Credit Ratings*, chap.4 and the list of references that begins on page 475。

4. Doron Kliger and Oded Sarig, "The Information Value of Bond Ratings," *Journal of Finance* 55, no.6 (December 2000):2879—2902.

5. Partnoy, "The Siskel and Ebert of Financial Markets?"

6. Marc Flandreau and Joanna Kinga Sławatyniec, "Understanding Rating Addiction: US Courts and the Origins of Rating Agencies' Regulatory License (1900—1940)," *Financial History Review* 20, no.3(2013):237—257.

7. 劳伦斯·J.怀特(Lawrence J. White)的作品就是这种传统的一个很好的例子。参见"The Credit Rating Agencies." Others with related thinking include Soudis, "Credit Rating Agencies and the IPE"。

8. 这一传统的例子是 Klaus C. Engelen, "Das Empire Strikes Back: German Banks Have Had Enough of Standard and Poor's and Other Agencies, and They're Not Going to Take It Anymore," *International Economy*(Winter 2004):64—71。

9. Chris Flood, "Big US Rating Agencies Get New European Rival," *Financial Times*, August 31, 2014, https://www.ft.com/content/3ae000a2-2f5a-11e4-a79c-00144feabdc0,访问时间:2017 年 8 月 21 日;Marc Jones, "German Ratings Firm Scope Seeks ECB Recognition," Reuters, August 24, 2016, http://www.reuters.com/article/us-eurozone-ratings-ecb-idUSKCN10Z1EC,访问时间:2017 年 8 月 21 日。

10. Olaf Storbeck, "Scope Faces Uphill Struggle to Crack Credit Rating Market," *Financial Times*, January 2, 2020, https://www.ft.com/content/929f5e8c-2bad-11ea-a126-99756bd8f45e,访问时间:2020 年 9 月 12 日。

11. "Russia Is So Fed-Up with Western Credit Rating Agencies, It Has Launched Its Own," *The Telegraph*, December 11, 2015, http://www.telegraph.co.uk/finance/economics/12046291/Russia-is-so-fed-up-with-Western-credit-rating-agencies-it-has-launched-its-own.html,访问时间:2017 年 8 月 21 日;"Dagong Chief Says Credit Ratings Need 'Chinese Wisdom,'" *Malay Mail Online*, March 26, 2014, http://www.themalaymailonline.com/money/article/dagong-chief-says-credit-ratings-need-chinese-wisdom#TM5MLrhphke1MarZ.97,访问时间:2017 年 8 月 21 日。金砖国家(巴西、俄罗斯、印度、中国和南非)关于设立金砖国家评级机构的讨论还没有定论。Misheck Mutize and Sean Gossel, "BRICS Wants to Set Up an Alternative Rating Agency. Why It May Not Work," *The Conversation*, February 7, 2017, https://theconversation.com/brics-wants-to-set-up-an-alternative-rating-agency-why-it-may-not-work-72382,访问时间:2017 年 8 月 21 日。

12. "Present Tense, Future Market: Financial Coupling in China," *The Economist*, September

5，2020，61. 我还与惠誉评级（Fitch Ratings）总裁伊恩·林内尔（Ian Linnell）讨论了这些问题，他认为这一事态发展是中国局势的重大变化，也是像惠誉这样的主要机构的重大机遇。他指出，这一事态发展似乎源于特朗普政府一开始就进行的美中谈判。2020 年 9 月 22 日，伦敦金丝雀码头采访。

13. Robert W. Cox，"Global Perestroika，" in Robert W. Cox with Timothy J. Sinclair，*Approaches to World Order*（Cambridge：Cambridge University Press，1996）.

14. Cox，298.

15. Cox，299—300.

16. Cox，300.

17. Cox，300.

18. 其他学者，如 Helleiner and Wang，"Limits to the BRICS' Challenge，" and Pagliari，"Who Governs Finance?"，采取了一种基于权力的方法，与考克斯有很多相似之处，但并不认同他的系统的反资本主义立场。

19. 与这种方法有重叠的学者 Carruthers，"From Uncertainty toward Risk"；Paudyn，*Credit Ratings and Sovereign Debt*；Abdelal and Blyth，"Just Who Put You in Charge?"；Nölke，"Financialisation as the Core Problem for a 'Social Europe' "；Natalia Besedovsky，"Financialization as Calculative Practice：The Rise of Structured Finance and the Cultural and Calculative Transformation of Credit Rating Agencies，" *Socio-Economic Review* 16，no. 1（2018）：75；Bart Stellinga，"Why Performativity Limits Credit Rating Reform，" *Finance and Society* 5，no.1（2019）：20—41；Giulia Mennillo，*Credit Rating Agencies*（Newcastle，UK：Agenda，2021）。

20. 我曾在与杰弗里·M.克维罗思（Jeffrey M. Chwieroth）合著的作品中把社会基础法称为"社会事实视角"。见 Jeffrey M. Chwieroth and Timothy J. Sinclair，"How You Stand Depends on How We See：International Capital Mobility as Social Fact，" *Review of International Political Economy* 20，no.3（2013）：459。

21. David S. Scharfstein and Jeremy C. Stein，"Herd Behavior and Investment，" *American Economic Review* 80，no.3（June 1990）：465.

22. John Gerard Ruggie，*Constructing the World Polity：Essays on International Institutionalization*（New York：Routledge，1998），12—13.

23. Chwieroth and Sinclair，"How You Stand Depends on How We See，" 466.

24. Chwieroth and Sinclair，467.

25. Chwieroth and Sinclair，467.

26. Chwieroth and Sinclair，468.

27. 西尔（Sil）和卡赞斯坦（Katzenstein）讨论了我的方法，见 *Beyond Paradigms*，118—125。

28. Eugene F. Fama and Merton H. Miller, *The Theory of Finance*(New York: Holt, Rinehart and Winston, 1972).

29. Charles P. Kindleberger and Robert Z. Aliber, *Manias, Panics and Crashes: A History of Financial Crises*, 5th ed. (New York: Palgrave Macmillan, 2005), 72.

30. 如前所述,凯恩斯(Keynes)提出,金融的本质并不像大多数人认为的那样,是一个根据经济分析挑选最佳股票的问题,即哪些股票未来应该升值。预测市场上其他交易者可能会做什么更为重要。John Maynard Keynes, *The General Theory of Employment, Interest and Money*(Amherst, NY: Prometheus, 1997 [1936]), 156. 另见 George A. Akerlof and Robert J. Shiller, *Animal Spirits: How Human Psychology Drives the Economy and Why It Matters for Global Capitalism*(Princeton, NJ: Princeton University Press, 2009), 133。

31. Abdelal and Blyth, "Just Who Put You in Charge?," 56.

32. Abdelal and Blyth, 57.

33. Peter J. Katzenstein and Stephen C. Nelson, "Reading the Right Signals and Reading the Signals Right: IPE and the Financial Crisis of 2008," *Review of International Political Economy* 20, no.5 (2013):1117.

34. Abdelal and Blyth, "Just Who Put You in Charge?," 57.

35. 最近对行为金融传统的一项研究侧重于解决信念的作用,"因为预期的变化会引发大规模混乱",比如雷曼公司破产之后所发生的。参见 Nicola Gennaioli and Andrei Shleiffer, *A Crisis of Beliefs: Investor Psychology and Financial Fragility*(Princeton, NJ: Princeton University Press, 2018), 5。

36. John R. Searle, *Speech Acts: An Essay in the Philosophy of Language*(Cambridge: Cambridge University Press, 1969), 33.

37. 有关形式化限制的证据,请参见 Akos Rona-Tas and Stefanie Hiss, "The Role of Ratings in the Subprime Mortgage Crisis: The Art of Corporate and the Science of Consumer Credit Rating," in *Markets on Trial: The Economic Sociology of the US Financial Crisis*, ed. Michael Lounsbury and Paul M. Hirsch (Bingley, UK: Emerald House, 2010), 113—153。

38. Abdelal and Blyth, "Just Who Put You in Charge?," 53—54. 关于社会惯例在金融市场中的作用,请参见 Stephen C. Nelson and Peter J. Katzenstein, "Uncertainty, Risk, and the Financial Crisis of 2008," *International Organization* 68, no.2 (2014):361—392。

39. Malcolm Campbell-Verduyn, *Professional Authority after the Global Financial Crisis*(London: Palgrave, 2017), 34—35.

40. David A. Lake, "Rightful Rules: Authority, Order, and the Foundations of Global Governance," *International Studies Quarterly* 54 (2010):587—613,引用自第 606 页。

评级机构与金融创新

4

音乐要是停了……事情就麻烦了。但只要音乐不断，你就得起身舞动。我们现在还在跳着呢。

——查克·普林斯(Chuck Prince)，花旗集团首席执行官，

《金融时报》，2007年7月9日

普林斯此话出口18个月后，情况确实“复杂化”了，金融危机规模之巨史无前例。舞步彻底停止了，传统市场人士的信念瞬间崩塌，纷纷奔逃离场。最终，花旗集团获得了4 762亿美元的现金与担保额的救助，金额在所有获得美国政府救助的银行中高居榜首。[1]本章内容研究这场“金融之舞”，为何它戛然停止，以及评级机构所扮演的角色。

20世纪初诞生之时，评级机构代表着一股对金融的制约性力量。这并不奇怪，因为当时正逢1907年的金融崩溃。随后评级机构不断发展，至20世纪30年代的大萧条时已趋于成熟。第二次世界大战后的几十年间，评级机构支持了通用汽车、IBM等美国

大企业主导的大规模工业生产体系的发展。评级机构具有保守主义和历时性立场，这些特点与主导华尔街的保守主义观念非常契合，要知道，华尔街精英可是对 20 世纪 80 年代由迈克尔·米尔肯(Michael Milken)等投资银行家领军的高收益债券嗤之以鼻的。当时米尔肯认为，评级机构的怀疑眼神让那些追求高增长的公司无缘低成本融资，从而巩固那些增长较慢的既得利益者的利益。尽管米尔肯在 1991 年因违反美国证券法而入狱，还支付了 6 亿美元的巨额罚款，但他秉持的证券市场改革愿景成了 20 世纪 90 年代的思想主流。1933 年《格拉斯—斯蒂格尔(银行业)法案》(Glass-Steagall [Banking] Act of 1933)规定了传统银行业务与投资银行业务的分业经营，其目的是让储蓄和支付等主流银行业务免受不稳定的证券投机的影响。这项要求被 1999 年末通过的《格雷姆—里奇—比利雷法案(Gramm-Leach-Bliley Act)》废除，至此，银行染指利润丰厚的投资银行业务已呈畅行无阻之势。

2001 年科网泡沫破灭后，美国的利率水平不断下降，传统投资的回报不佳。投资人对此怨声载道，因而纷纷寻求更高收益的投资品种。20 世纪 80 年代，美国国内投资回报较低，投资者于是转而投资于发展中国家。如今，他们对投资的探索已聚焦于华尔街和伦敦金融城的金融创新。《格雷姆—里奇—比利雷法案》释放出巨大的能量，导致专注二级市场高杠杆证券交易的机构数量如过江之鲫。美国的大型银行终于可以参与这类二级市场证券交易了，它们搬出了受保险保障的存款，也架上了自家庞大的资产负债表。为满足如此庞大的投资需求，大量的新型金融工具应运而生，这个大背景对评级机构的角色变迁影响深远，导致评级机构逐渐偏离了它们在美国金融世界中长期扮演的传统角色。

在评级界普遍奉行保守主义和历时性主义的战后时代，惠誉一直都是小角色。[2] 1989 年，惠誉的二线机构地位开始有所改变，特别是 1997 年后，惠誉通过并购扩大了公司规模，评级覆盖面也随之扩大。这一变化十分重要，因为按照监管规则和市场惯例，每个债券发行人通常需要由两家评级机构同时为其授予评级。穆迪在 1998 年重组为一家独立的公司实体，至此评级行业首次出现了三家公司激烈争夺市场份额的局面，20 世纪安逸的双寡头格局不复存在，21 世纪的激烈竞争格局已揭开序幕。在惠誉重新崛起后，曾经的“两强”已无法稳坐钓鱼台。

证券化与评级机构

2007 年后的几年中，关于全球金融危机的讨论都围绕着一种名唤“结构融资”的新型金融证券展开。结构融资并不像传统的债券或贷款那样直观。发行债券的公司如果不能偿还债券本息，则可能面临破产，债券的投资人有权对公司所有资产进行追索。然而结构融资并非如此，因为信托基金在结构融资业务中起着中介作用。如果基金公司倒闭破产，那么结构融资产品的投资者对设立基金的幕后公司的其他资产并没有追索权。

除此之外，为信托提供担保的全新金融衍生品也“粉墨登场”，投资者可以在二级市场上交易这些衍生品以获利。后来，金融危机全面爆发，而结构融资在概念和实质方面均暴露出诸多问题，其运作方式有时甚至让资深的银行家也云里雾里。[3]许多观察人士将金融危机归咎于结构融资。既然连专业金融人士似乎都对这些产品不甚了了，那么在市况恶化之时，公众恐慌加剧也情有可原。

在本章后文中，我将讨论结构性融资行为的目的，其具体运作方式和评级机构的角色，以及2007—2008年金融危机中评级机构对结构融资的评级调整。当然，结构融资的评级不是"好故事"，但却绝不寻常。之后，我将聚焦于回购协议（"Repos"）这一极端的金融创新手法，以及地区性金融困境是如何在它的推波助澜下演变为全球性金融危机的。

与债券一样，结构融资是一种对借款人或投资人的偿债承诺。发行人之所以选择通过结构融资而非传统债券进行筹资，主要是出于成本的考量。具体而言，一个多元化资产池的"现金流比公司个体信用更具确定性"，故能让发行人的借贷成本降低。[4]这类资金池将会得到更高的信用评级，因而与发售传统债券相比，发行人发售担保债务凭证（CDOs）和担保贷款凭证（CLOs）等结构融资工具时支付的利息更低。[5]"保护结构"是基于一段时间内的预期损失测算而设计的，现金流权益也会根据分层情况进行分配，从而满足各类投资者的不同风险偏好。若将这种结构融资产品与新兴市场债务相比，新兴市场债券的损失风险可能不确定性更大，也更难以计算。[6]如上所述，与常规债券的模式不同，对于结构融资的发起方和销售方而言，其公司资产与其发售的结构融资证券在法律上是隔离的，因为有关资产已移交给了受托人，与原始公司切断了关系。如此这般，即便是结构融资发行人之后不幸破产了，其公司的债权人也无法追索那些资产。[7]

结构融资的衍生品是非公开、不受证券交易所监管的场外交易(OTC)合约。因此,结构融资的借贷双方本身并不清楚其对手方的衍生品风险敞口。2007 年,各类衍生品的名义总价值达到了 600 万亿美元。[8]这似乎是一个惊人的数字,事实上当然也是。在这 600 万亿美元中,约 60 万亿美元是信用违约掉期(Credit Default Swaps, CDS),其余的是利率合同、外汇合同、股权挂钩合同和商品合同(涉及猪肉、大豆和类似商品的预估价格)。信用违约掉期是一种针对担保债务凭证(Collateralized Debt Obligations, CDO)违约的保险,在结构融资市场里广泛被用作信用保障。得益于此,那些带有 CDS 的结构融资产品的评级甚至还要更高一筹。[9]60 万亿美元的数字或夸大了其真实价值,如按市值计算,2007 年底时这些衍生品的总市值应为 14.5 万亿美元。如以双边净额计这一数据应为 3.3 万亿美元。在这 3.3 万亿中,英格兰银行的统计数据显示有 65%的市场参与者的风险敞口是有抵押品的。因此事实证明,围绕结构融资构建的衍生品市场规模比新闻报道的“600 万亿美元”似乎要小得多。价值 3.3 万亿美元的衍生品中,大部分有优质资产和抵押品作为支撑。在一级市场,住房抵押贷款支持证券(RMBS)总市值为 10.7 万亿美元,其中只有 7 000 亿美元属于次贷性质。[10]

证券化是如何运作的?

如图 4.1 所示,证券化市场涉及几类不同的金融机构,它们彼此进行金融资产的买卖交易。这些金融机构之间的关系之所以得以维系,靠的是交易对手之间在诚实和信用方面的互信,以及对市场以及支持机制(如合同法)的信心。

证券化始于人们借钱买房的行为。这些按揭贷款可能由当地银行或美国全国性金融公司等专业按揭公司首先批出,然后它们再将资产转手出售给大型金融公司以及房利美(Fannie Mae)和房地美(Freddie Mac)等美国政府资助企业(Government-Sponsored enterprises, GSEs),这些企业有帮助社会低收入群体置业的使命。[11]这些大型公司将前述各类资产归集到一起,创造了 CDOs 等证券产品。正是在创建这些证券的过程中,这些大公司使用了评级机构的服务。然而,并非所有证券化产品都能被评为“AAA”。通常,按照图 4.2 所示的分层结构、对抵押贷款现金流的各种法定追索权,以及保险措施所提供的违约保护,结构融资产品被切分为不同的层级。[12]这种结构性分层的操作,在电影《大空头》中被比作“叠叠高积木”。电影中,贾里德·文内特(Jared Vennett)形象地展示了业主违约是如何导致积木大楼一步步走向倒塌的。[13]

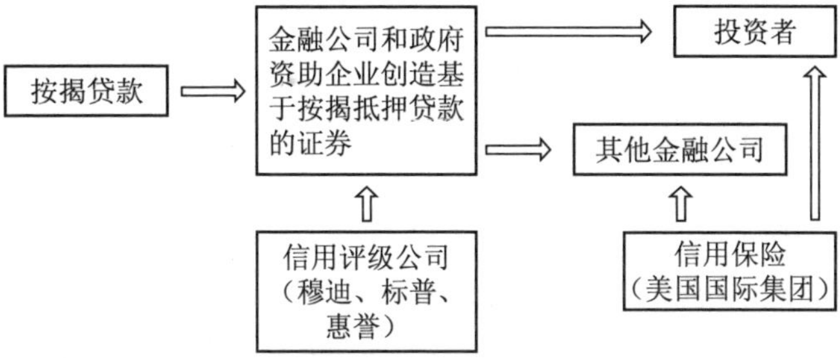

图 4.1 证券化链条

资料来源:改编自 Bernanke, *The Federal Reserve and the Financial Crisis*, 70。

评级机构做了什么?

2007—2008 年,大量关于结构融资评级的争议不断曝光,因此大多数观察人士都自以为已经谙熟评级机构在结构融资业务中的功能。其实他们只是从对公司债券评级过程的观察中建构认知,这就好像你了解 1933 款福特 V8 车型,就自以为了解 2020 款丰田普锐斯。两者之间有很多表面相似点,以致认知谬以千里。

对于公司债券和结构融资,信用质量都是至关重要的核心点。传统债券评级重点关注发行人的偿债能力和偿债意愿,这是其信用质量的关键所在;但是结构融资证券的评级关注点则不再是发行人本身。证券化债券的底层资产及其现金流归属于特殊目的实体(Special Purpose Vehicle, SPV)或信托基金,已与发行人在法律上实现隔离,这个过程称为次级化。银行运营的结构性投资实体(Structured Investment Vehicles, SIVs)购买这些结构性证券产品,并将其置于银行表外进行管理。[14]次级化的结果是,“有些本身因风险太大而不能被评为‘投资级’的贷款资产包,现在其中已有部分(分层)能过线”。如此,那些有投资级监管配置门槛的养老基金,现在已能够配置某些分层债券。[15]

马修・沃特森(Matthew Watson)引用吉莉恩・泰特(Gillian Tett)的话:“根本没有经济理由认为,仅凭策略性的资产再包装便可实现信用质量的提高。”[16]保罗・兰利(Paul Langley)指出了所谓评级的失败个案是如何演变为一个公共问题的,但他认为,很遗

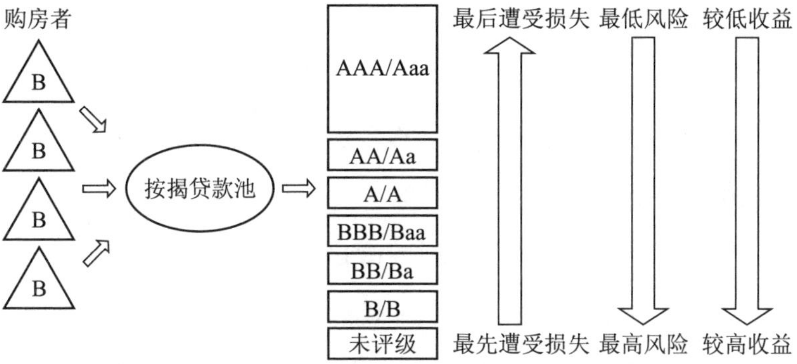

图 4.2　分层

资料来源：改编自 Tyler Durden (pseud.), "In Watershed Event, Europe Plans to Securitize Sovereign Debt," https://www.zerohedge.com/news/2017-05-30/watershed-event-europe-unveils-plan-securitize-sovereign-debt，访问时间：2018 年 9 月 18 日。

憾人们没有足够意识到对风险进行评级这一做法本身天然就存在着矛盾。[17]斯蒂芬·贝尔(Stephen Bell)和安德鲁·辛德穆尔(Andrew Hindmoor)认为，评级机构"在证券化的合法化和普及化方面发挥了重要作用"[18]。在危机爆发前几年的房地产繁荣时期，结构融资评级的质量开始恶化。[19]尼古拉斯·邓巴(Nicholas Dunbar)注意到穆迪的底层分析文化的恶化。[20]埃里克·波斯纳(Eric Posner)将此变化描述为竞争性评级机构之间"逐底竞争"的结果。[21]罗伯特·席勒(Robert Shiller)表示，评级机构已经变得像"宽容的教师，给太多的卷子打了'A'"[22]。唐纳德·麦肯齐(Donald MacKenzie)表示，这些评级的关键问题是它们忽视了底层标的资产的风险。[23]这些评级方法和过程，将按揭抵押债券凭证视为独立的实体，仿佛这只是普通的公司债券，而不是将信用分析一直穿透到底层的抵押贷款本身的质量，并进行"自下而上"的综合分析。对CDO 的评级则忽略了相关性风险，低估了不同金融工具同时发生价值恶化的可能性。胡安·奥斯皮纳(Juan Ospina)和哈拉德·乌利格(Harald Uhlig)最近的研究对上述唐纳德·麦肯齐的观点提出了质疑,认为按揭抵押债券评级方法的失当并非导致 2008 年金融危机的主要因素。[24]

穆迪前高管威廉·哈林顿(William Harrington)表示,评级机构对资产支持证券采取的方法,假设的是市场参与各方规范相同,风险偏好相同,故未能"对交易对手风险充分考虑"[25]。另一位前穆迪员工杰尔姆·方斯(Jerome Fons)表示,由于近年来并无房价普遍下跌的现象,加之其他问题,评级机构准确预测住房资产价格下滑的能力有所弱化。[26]关于结构性融资,方斯建议:

> 评级机构对结构融资过程尤为重要。由于这种产品的不透明性,投资人的投资决策依赖于信用评级……此外,即使在资产信息很透明的情形下,许多投资人也不具备分析其信用风险的能力。评级方法相当技术化,并且通常依赖于先进的统计技术。这些复杂金融交易的支持性文件同样令人头疼,阅读起来更像是一份晦涩的法律文件,而不是有实际帮助意义的财务指南……另外,究竟要如何对结构融资产品进行估值,投资者对于此仍然一筹莫展。在结构融资领域,没有一种"模式"能够统领定价实践。[27]

他同时表示,结构融资市场的评级业务竞争激烈。他说,评级费用逐年上涨,在金融危机前结构融资可能是评级机构最重要的产品线,约占其总收入的 40%。危机前几年,这一板块业务的爆升推高了评级机构股票的市盈率，“每个机构都有巨大的压力，希望看到自己的公司在结构融资业务中能蓬勃发展”[28]。方斯表示，这导致了大规模的发行人“评级采购”行为。这样的背景下，评级机构玩起了“声誉换收入”的游戏，银行家们也能够“发挥巨大的影响力，并在各家评级机构之间左右逢源”。这给结构融资（评级）的保护和支持结构带来很大的压力，且出于评级机构保持市场份额的考虑，其评级价值每况愈下。[29]当房价上涨时，这种低水平的保护和支持勉强还可以维持下去，但当房价下跌甚至暴跌时，局面就会一溃千里。

布鲁斯·卡拉瑟斯（Bruce Carruthers）讨论了如高斯连接函数等金融工具，这些金融工具出现和传播后，很快被各评级机构采用。并且，卡拉瑟斯认为：

> 正是由于外界对评级机构在结构融资产品评估中所采用技术方法存在广泛信心，加上精英阶层之间的社会融合不断加深，所有这些，致使广大受众直到游戏后期才意识到，那些他们自以为懂的东西，其实他们一窍不通。由于“凯恩斯选美博弈”空前的盛况，只要其他人还在继续依赖评级，即使是那些质疑评级的人，也会把自己的这些疑虑先放在一边。毕竟，市场上可有太多捞钱的机会。[30]

艾丽斯·巴姆福德（Alice Bamford）和唐纳德·麦肯齐（Donald MacKenzie）认为，评级机构使用的高斯连接函数，其实要受到结构融资产品发行人博弈手段的影响。[31]结构融资发行人所面临的挑战，是找到收益率最高的最佳债务组合，同时“其要能衍生出一种能获得理想评级的金融产品，从而实现销售以获利”[32]。他们认为，在全球金融危机爆发前的一段时间，虽然结构融资的评级“总体而言一直保持稳定”，但是“构成这种产品的债务质量却恶化了”。[33]巴姆福德和麦肯齐指出，基于价格泡沫破裂前的经验和数据，当时评级机构对房地产市场的评级假设是“完全合理的”[34]，这些假设“经由市场参与者的博弈而成为可能”。评级机构称这一过程为“反效能”*，其最终的结果确实反过来“从根本上破坏了”这些债券的评级假设。[35]

另一位前穆迪高管安·拉特利奇（Ann Rutledge）（与罗伯特·利坦[Robert Litan]）认为，全球金融危机所揭示的结构融资评级问题，是一个信息问题。结构融资的信用评级并不是针对公司实体的偿还能力（以及还款意愿）所做的评估。由于这些债券**的信用来源被框定于信托或特殊目的实体之中，其评级对象必须是信托或特殊目标实体的专项资金池中的现金，这些现金会根据证券的法律架构分配给各分层债券，正如图 4.2 所示。他们认为，这种评级应体现为数字或基数，而不是以序数（或字母）表示出来的评级等级。[36]提供风险等级的序数等级表如表 2.1 所示。但拉特利奇和利坦认为，鉴于结构性证券的量化特性，以序数表现的评级结果会产生误导。这类评级是基于对现金流的计算，而现金流好坏的最佳表现方式是基数评级，而不是只能表示相对排序

---

* 原文为 Counterpeformativity，指一种特殊的“擦枪走火”的情况。即数学模型的运用不仅未能产生与模型相符的现实情境，反而破坏了模型本身的现实基础。——译者注

** 结构融资产品。——译者注

的评级等级。他们认为，目前市场中缺乏一个有公信力的结构融资评级基准，这种情况“相当于没有两家信用评级机构能够以同样的方式去点算现金”[37]。就标准指标或基本评级系统问题达成共识，对相互竞争的评级机构而言是相当困难的。

对此，卡拉瑟斯提出，在结构融资评级中使用多年以来一直应用于公司债券评级的符号体系，有助于“驯化”CDOs 原本拥有的异域性和神秘感，起到类似“核准”的作用。[38]将所有“金融工具，无论其标的结构或债务人的性质如何，都放入唯一的排序体系中，掩盖了各类金融工具所具有的重要的异质性，并鼓励投资人将所有金融产品视为可比，因为它们被归入了同一个比较体系”[39]。2007 年穆迪和标普开始下调 CDOs 评级时，问题被引爆了。他认为，对相同的评级衡量指标的使用建立起了一个心理上的等价关系，进而“引发了一股质疑的浪潮，并在金融市场上蔓延开来”，导致市场“普遍不愿意”持有任何类型的结构融资工具。因此，这类工具存在“引发质疑浪潮的残酷力量”。[40]

包括我采访过的华尔街人士在内的人，都点出了穆迪在危机前几年在结构融资业务上的展业方式。一位高度可信的受访人士表示，穆迪实际上在 20 世纪 70 年代末发明了结构融资，而这种金融创新通常并不出自评级机构之手。[41]萨姆・琼斯（Sam Jones）在《金融时报》杂志上撰文，重点关注惠誉的崛起对安逸的评级双寡头格局的侵蚀，尤其是对“评级采购”的影响。[42]他还关注了布莱恩・克拉克森（Brian Clarkson）扮演的关键角色。律师出身的克拉克森，于 1991 年加入穆迪[43]，并于 1997 年开始负责穆迪公司的结构融资部门。琼斯表示，面临市场份额下降，克拉克森提出要将穆迪分析师的注意力重新放在债券发行人身上。2000年,穆迪公司上市,进一步催化了穆迪内部关于"谁是委托人、谁是代理人"的理念转变。琼斯引述了拉特利奇的话:在20世纪90年代中期的穆迪公司,她和她的那些从事结构融资业务的同事在道德上都是"完美无瑕"的。"但是,后来穆迪的重心发生了变化,因为穆迪上市了。"这一转变催生了一种新的文化或身份,这让分析师大方地享受客户企业的款待,这在过去严肃的穆迪公司是绝对无法想象的。琼斯引用拉特利奇的话说,穆迪在20世纪90年代末放慢了自己对结构融资的研究和开发。她指出:"一些银行赶超了穆迪,取得了结构融资领域的领先地位。"此时,穆迪和其他评级公司退而成为分析金融交易及其可能性的"被动参与者",努力地跟进着银行金融产品的推陈出新。

当评级机构改变主意时

一开始评级机构对结构融资市场增长做了巨大贡献,但评级机构后来对结构融资的热情大幅降温,这对金融危机的演变产生了很大影响。华尔街认为,评级机构对结构融资产品的预估信用质量变化十分抗拒,而金融市场情况开始恶化时,评级机构反应不力、行动迟缓;但在那之后,当情况继续恶化,评级机构出于维护自己声誉的需要,大范围下调了许多结构融资产品的评级。2006年,评级机构对结构融资产品的降级次数多达85次。2007年,这一数字增加至6 801次,2008年则增加到了29 545次。[44]不过,

2008年的增速百分比(6.7%)实际上比前一年的降级比例(7.2%)要低一些,因为一年来结构融资市场本身的规模增幅更大。[45]此外,与2002年(4.1%)和2003年(5.1%)相比,降级数量的百分比没有根本性的不同。但是,穆迪的业务规模在2008年的评级市场中所占的比例已高达54%。[46]

因此可以看出,即使穆迪2008年的降级行动的增速百分比略有下降,但其绝对值数量仍是非常大的,且为史上前所未有。从某种意义上讲,评级机构对结构融资工具产品的大规模降级,可能会加剧投资人的危机情绪,使情况雪上加霜。[47]罗杰·洛温斯坦(Roger Lowenstein)强调了伯南克所谓"两难命题",即一边是大规模涌现的金融灾难,一边是数量相对较少且价值较低的次级贷款的现实情况。伯南克认为,面对这一两难命题,人们要理解到次贷结构融资只是金融危机的"导火索",而不是产生金融危机的根本原因。"导火索"让投资者对不透明证券的价值判断变得更加不确定,于是,投资者开始争先恐后地逃离市场。[48]其中存在的相同触发逻辑,我们可以将之类比于2008年所发生的评级下调,大规模的评级下调同样导致了当时市场情绪的恶化。如若在投资人信心较高而金融产品风险不确定性较低的情况下,同等的级别下调所产生的实际影响可能会要小得多。

回购协议

金融危机发生时,大多数观察者都忽略了一个关键环节——

回购协议,这个板块近年来受到越来越多的关注。回购协议将2007—2008年不断升级的市场不确定性进一步放大,演变成真正具有全球影响力的大型事件。[49]尽管对金融创新的口诛笔伐此起彼伏,但结构融资本身并不是全球金融危机爆发的起点。导致恐慌的是基于结构融资的回购协议进入了市场,这才是全球金融危机的"罪魁祸首"。[50]在之前的章节中,我讨论了金融去中介化问题,以及银行是如何受到更高效、更低成本的资本市场压力。回购协议是金融去中介化的"双涡轮V8版",这一机制让投资银行可以进行短期(经常是隔夜)借款,为其自营交易业务提供资金。一直以来,回购市场往往是在极高质量的抵押品上加溢价以获得借款,常用的抵押品一般是美国国债(包括票据和债券),因为美国国债的信用质量非常之高。但随着回购市场的兴起和发展,包括结构融资产品在内的其他证券也开始被用作抵押品。

加博尔(Gabor)指出,回购市场由两部分组成,一个是双边市场,各机构在此直接相互拆借,另一个是三方市场,即抵押品的管理经由第三方完成。[51]2005年,监管机构修订了抵押品处理方面的相关规定,允许在回购协议业务中使用评级较低的资产支持证券作为抵押品。这项法律修法破坏了回购市场的稳定性,尽管2008年政府债务仍然占到美国和欧洲回购市场的三分之二,价值约为20万亿美元。[52]

图兹(Tooze)描述了投资银行是怎样用回购协议扩张其资产负债表的。[53]正如他所分析的,这种操作的风险在于,若金融机构出现重大亏损,那融资就很难继续"借新还旧"。[54]如果市场对一家机构的抵押品出现疑问,也可能出现一样的问题。2007财年末,雷曼兄弟 6 910 亿美元的资产负债表中 50%都是通过回购协议实现。对于高盛、美林和摩根士丹利等投资银行而言，这一数据均也达到 40%。回购协议是这些投资银行商业模式的核心所在，如若没有这些资金来源，投资银行将难以生存。[55]

随着 2007 年危机的发展，图兹注意到贝尔斯登被排除在商业票据市场之外。令人惊讶的是，鉴于回购是“充分抵押贷款”，所谓“回购挤兑”现象也出现了。[56] 2008 年 3 月初，贝尔斯登仍然可以通过回购市场，实现 1 000 亿美元的隔夜融资。然而到 3 月 13 日时，贝尔斯登通过滚动在市场上能够筹集到的资金，已猛然下降到不足 140 亿美元的水平了。随着不确定性扩散到整个系统，情况愈发严峻。[57]经由摩根大通(J.P. Morgan Chase)和纽约梅隆银行(Bank of New York Mellon)监督的三方回购市场，仍然对拥有优质抵押品(如美国国债和政府资助企业支持的抵押贷款证券)的强劲交易对手开放。但在双边回购市场，如果是以私人标签(非政府资助企业)资产支持证券用作交易证券，获得资金则越来越难。[58]在 2008 年 3 月至 9 月之间的几个月里，雷曼兄弟的回购资金渠道不断恶化，到 9 月 12 日，雷曼兄弟已无法展期回购借款，也未能获得其他支持，终于 9 月 15 日宣告破产。[59]

2011 年，在美国众议院监督和调查小组委员会的听证会上，北卡罗来纳州的众议员布拉德·米勒(Brad Miller)作证说：

> 2008 年 9 月所发生的事情，被媒体描述为银行间贷款冻结。公平地说，若要对危机中发生的情况进行更深入的解读，恐怕是难为媒体了。

但是，对于作为影子银行体系一分子的回购协议，几乎没有任何美国人知情，几乎没有国会议员知情，而那些能够对其略知一二者，也大多是管中窥豹——这就是回购协议市场的现实状况。然而每天晚上，回购协议市场上所流动的资金数额和银行存款已不相伯仲。

当时，贝尔斯登每晚从回购协议市场中获得的资金高达700亿美元，这些资金被他们用作发放长期贷款。将短期借款用于长期贷款，这可不是有利于金融稳定的业务模式。后来回购市场发生的事，本质上就是存款保险制度问世之前的存托机构的经典挤兑，就像电影《生活多美好》所演的那样。[60]

回购协议的交易数额巨大，就在雷曼兄弟倒闭之前，仅在三方回购协议市场每天就会成交2.5万亿美元的抵押品交易。[61]一旦回购协议交易不如预期，市场将变得异常脆弱。图兹将回购协议市场描述为“冰火两重天”。[62]第一天的回购协议市场，还是“巨大的万亿美元机器，其基础在于信心和广泛接受的抵押品”[63]，隔天，即使是主要的市场参与者也可能被拒之门外。兰德尔·杰曼(Randall Germain)将后一种情形称为“大冻结”，当时金融的“运作失灵”几乎使全球经济陷入瘫痪。[64]2019年9月，《经济学人》杂志所称的“冷汗”效应在回购协议市场出现了，引发了对全球金融危机“重演”的担忧，迫使美联储向银行系统注入资金以缓解流动性危机。[65]

我在本章中讨论的金融机制，令人着迷，让人震惊。结构融资的雄心和胆敢，让我们大开眼界。回购协议交易规模之大，以及它如何成为融资的核心过程，令人揪心。金融的确是进取心强、充满自信、坚定果敢的存在。但是问题是，金融工具终究不是技术性的存在。这些金融工具，并不像电脑硬盘或汽车空调之类的零件。金融工具存在于一个社会性世界中，就像是扑克游戏。人们用这些工具来追逐自己的野心，规避自己的恐惧。在此同时，他们一直注视着别人，想知道别人会做什么。也就是说，人们是在“跳舞”，正如恰克·普林斯(Chuck Prince)在本章开始时所说的那样：“只要还奏乐”，参与者就必须随着音乐舞动。我们往往认为金融是一种机器，一种像俄罗斯轮盘一样的机会性游戏，我们更以为可以设计有效的技术和法律解决方案，使游戏为我们所用。但是现实有着类似扑克牌游戏的性质，这会让我们的如意算盘出现大麻烦。这些是全球金融体系的社会基础。若回购市场被证明更接近扑克游戏，我们的世界可能会天翻地覆。

注释

1. Nitasha Tiku, “Citigroup Received More Bailout Money Than Any Other Bank,” *New York*, March 16, 2011, http://nymag.com/intelligencer/2011/03/citibank_received_more_bailout.html，访问时间：2019 年 8 月 19 日。
2. 尽管惠誉是一家小公司，但其长期信用评级规模具有影响力，并在 20 世纪 20 年代获得了标准普尔的许可。
3. *The Financial Crisis Inquiry Report* 称，高级管理层缺乏理解，例如根据报道，美国国际集团 790 亿美元衍生品投资组合“不了解条款和风险”，“治理崩溃和不负责任的惊人事例”(第 19 页)。
4. Sylvain Raynes and Ann Rutledge, *The Analysis of Structured Securities: Precise Risk Measurement and Capital Allocation* (New York: Oxford University Press, 2003), vii.
5. 正如沃尔夫所暗示的，结构融资可以使金融系统更具弹性。Martin Wolf, *The Shifts and*

the Shocks(New York: Penguin, 2015), 119.

6. Raynes and Rutledge, *The Analysis of Structured Securities*, 3.
7. Raynes and Rutledge, 4.
8. Bank of England, *Financial Stability Report*, London, October 2008, 21.
9. Ben S. Bernanke, *The Federal Reserve and the Financial Crisis*(Princeton, NJ: Princeton University Press, 2013), 49.
10. Bank of England, *Financial Stability Report*, London, October 2007, 20.
11. Bernanke, *The Federal Reserve and the Financial Crisis*, 65.
12. 关于建立在这一基本理念之上的复杂性,请参见 Ann Rutledge and Sylvain Raynes, *Elements of Structured Finance*(New York: Oxford University Press, 2010), 129—157。另,详细可参见 Matt Taibbi, *Griftopia: A Story of Bankers, Politicians, and the Most Audacious Power Grab in American History*(New York: Spiegel and Grau, 2011), 85。
13. 詹加类比的问题是,在电影中,文尼特从塔顶摧毁了塔。但不稳定通常出现在信誉最差的部分,人们可以想象,这些部分位于最底层,信用最差的地方(如图 4.2 所示)。香槟瀑布可能是一个更好的比喻。这里的香槟是从瀑布顶部倒出来的。顶层的杯子装满了,就像顶层的 AAA 部分装满了钱一样。如果有的话,底部的玻璃杯(或称作部分批次)会得到剩下的香槟,也就是钱。在证券化的概念(及其评级)中,低评级部分的预期效果较差。
14. Tracy Alloway, "Search for Yield Boosts Esoteric ABS," *Financial Times*, August 30, 2012, https://www.ft.com/content/a906f80a-f2a9-11e1-ac41-00144feabdc0,访问时间:2018 年 10 月 8 日。
15. Rona-Tas and Hiss, "The Role of Ratings in the Subprime Mortgage Crisis," 126.
16. Matthew Watson, *Uneconomic Economics and the Crisis of the Model World*(Basingstoke, UK: Palgrave Macmillan, 2014), 30. 泰特的书是 *Fool's Gold: How Unrestrained Greed Corrupted a Dream, Shattered Global Markets and Unleashed a Catastrophe*(New York: Little, Brown, 2009)。
17. Paul Langley, *The Everyday Life of Global Finance: Saving and Borrowing in Anglo-America*(Oxford: Oxford University Press, 2008), 237.
18. Stephen Bell and Andrew Hindmoor, *Masters of the Universe, Slaves of the Market*(Cambridge, MA: Harvard University Press, 2015), 189.
19. Adam Ashcraft, Paul Goldsmith-Pinkham, and James Vickery, "MBS Ratings and the Mortgage Credit Boom" *Federal Reserve Bank of New York Staff Reports*, No.449, May 2010, 4.
20. Nicholas Dunbar, *The Devil's Derivatives*(Boston: Harvard Business Review Press, 2011), 65—68.

21. Eric A. Posner, *Last Resort: The Financial Crisis and the Future of Bailouts* (Chicago: University of Chicago Press, 2018), 31.

22. Robert J. Shiller, *Finance and the Good Society* (Princeton, NJ: Princeton University Press, 2012), 52.

23. Donald MacKenzie, "Unlocking the Language of Structured Securities," *Financial Times*, August 19, 2010, https://www.ft.com/content/8127989a-aae3-11df-9e6b-00144feabdc0,访问时间:2012 年 9 月 18 日。

24. Juan Ospina and Harald Uhlig, "Mortgage-Backed Securities and the Financial Crisis of 2008: A Post Mortem," NBER Working Paper 24509 (Cambridge, MA: National Bureau of Economic Research, April 2018).

25. 麦迪逊・马里奇(Maddison Marriage)转述威廉・哈林顿(William Harrington),"前穆迪员工对资产证券化'崩溃'发出警报:资产支持证券评级过高", *Financial Times*, November 10, 2013, https://www.ft.com/content/6b8cfc2c-4861-11e3-a3ef-00144feabdc0#axzz2kZHQUysc,访问时间:2018 年 10 月 8 日。哈灵顿对有关机构问题的辩论作出了多方面的贡献。最重要的是"Comment on SEC Proposed Rules for Nationally Recognized Statistical Rating Organizations," file number S7-18-11, August 8, 2011, https://www.sec.gov/comments/s7-18-11/s71811-33.pdf,访问时间:2018 年 10 月 22 日。另见 Henry Blodget, "Moody's Analyst Breaks Silence: Says Rating Agency Rotten to Core with Conflicts," *Business Insider*, August 19, 2011, https://www.businessinsider.com/moodys-analyst-conflicts-corruption-and-greed-2011-8?IR=T,访问时间:2018 年 10 月 22 日。关于哈灵顿,请参见 Joris Luyendijk, *Swimming with Sharks: My Journey into the World of the Bankers* (London: Guardian Books, 2015), 156—160。

26. Jerome S. Fons, "White Paper on Rating Competition and Structured Finance," January 10, 2008,收录于"Credit Rating Agencies and the Financial Crisis," 80, www.gpo.gov/fdsys/pkg/CHRG-110hhrg51103/pdf/CHRG-110hhrg51103.pdf,访问时间:2018 年 12 月 11 日。另见 Bruce G. Carruthers, "Knowledge and Liquidity: Institutional and Cognitive Foundations of the Subprime Crisis," in *Markets on Trial: The Economic Sociology of the US Financial Crisis*, ed. Michael Lounsbury and Paul M. Hirsch (Bingley, UK: Emerald House, 2010), 164。卡拉瑟斯列举了这些机构犯下的其他错误,包括与内部程序与模式之间的背离。见 Carruthers, "Knowledge and Liquidity," 164—165。席勒讨论了评级机构对房地产市场走向的期望,见 Robert J. Shiller, *The Subprime Solution: How Today's Global Financial Crisis Happened and What to Do about It* (Princeton, NJ: Princeton University Press, 2008), 50—51。

27. Fons, "White Paper," 80.

28. Fons, 80.

29. Fons, 80.

30. Carruthers, "Knowledge and Liquidity," 168.

31. Alice Bamford and Donald MacKenzie, "Counterperformativity," *New Left Review* 113 (September-October 2018):97—121.

32. Bamford and MacKenzie, 116.

33. Bamford and MacKenzie, 116.

34. Bamford and MacKenzie, 116—117.

35. Bamford and MacKenzie, 117.

36. Ann Rutledge and Robert E. Litan, "A Real Fix for Credit Ratings," *Economic Studies at Brookings*, Brookings Institution, Washington, DC, June 2014, ii.

37. Rutledge and Litan, ii.

38. Carruthers, "Knowledge and Liquidity," 162.

39. Carruthers, 174.

40. Carruthers, 171—172.

41. 在现代,这个角色通常由罗伯特·F.达尔(Robert F. Dall)和刘易斯·S.拉涅利(Lewis S. Ranieri)担任。参见 Landon Thomas Jr., "Robert F. Dall, Mastermind of Mortgage-Backed Bonds, Dies at 81," *New York Times*, November 18, 2015, https://www.nytimes.com/2015/11/19/business/dealbook/robert-f-dall-mastermind-of-mortgage-backed-bonds-dies-at-81.html,访问时间:2018 年 10 月 22 日。历史上,正如卡拉瑟斯所示,农场抵押贷款在 19 世纪 70 年代和 19 世纪 80 年代首次证券化。Carruthers, "Knowledge and Liquidity," 160.

42. Sam Jones, "How Moody's Faltered," *FT Magazine*, October 17, 2008, https://www.ft.com/content/65892340-9b1a-11dd-a653-000077b07658,访问时间:2018 年 10 月 22 日。

43. 别塞多夫斯基还讨论了克拉克森在这些方面的作用。Natalia Besedovsky, "Financialization as Calculative Practice: The Rise of Structured Finance and the Cultural and Calculative Transformation of Credit Rating Agencies," *Socio-Economic Review* 16, no.1 (2018):75.

44. Efraim Benmelech and Jennifer Dlugosz, "The Credit Rating Crisis," in *NBER Macroeconomics Annual 2009*, ed. Daron Acemoglu, Kenneth Rogoff, and Michael Woodford (Chicago: University of Chicago Press, 2010), 171.

45. Benmelech and Dlugosz, 170.

46. Benmelech and Dlugosz, 173.

47. Abdelal and Blyth, "Just Who Put You in Charge?," 47, 50.

48. Roger Lowenstein, *The End of Wall Street* (New York: Penguin, 2010), 107. 洛温斯坦认为,伯南克低估了次贷和"相关问题",据他估计,这些问题"肯定不仅仅是一个'导火索'"。

49. Daniela Gabor，“The（Impossible）Repo Trinity：The Political Economy of Repo Markets，” *Review of International Political Economy* 23，no.6（2016）：967—1000.

50. Adam Tooze，*Crashed：How a Decade of Financial Crises Changed the World*（London：Allen Lane，2018），60. 对于图兹的广泛批评，请参见 Perry Anderson，“Situationism *à l'Envers?*，” *New Left Review* 119（September-October 2019）：47—93。另请参见 Cédric Durand，“In the Crisis Cockpit，” *New Left Review* 116/117（March-June 2019）：201—212。巴里·艾肯格林(Barry Eichengreen)撰写了另一部非常充实的危机史，将近期事件置于历史视角。参见他的 *Hall of Mirrors：The Great Depression，the Great Recession，and the Uses—and Abuses—of History*（New York：Oxford University Press，2015）。另见 Philip Mirowski，*Never Let a Serious Crisis Go to Waste：How Neoliberalism Survived the Financial Meltdown*（London：Verso，2013）；John Cassidy，*How Markets Fail：The Logic of Economic Calamities*（London：Allen Lane，2009）；Cédric Durand，*Fictitious Capital：How Finance Is Appropriating Our Future*，trans. David Broder（London：Verso，2017）。

51. Gabor，“The（Impossible）Repo Trinity，” 968.

52. Gabor，969.

53. Tooze，*Crashed*，60—62.

54. Tooze，62.

55. Tooze，62.

56. Tooze，147.

57. Tooze，148.

58. Tooze，149.

59. Tooze，149.

60. Brad Miller，“Oversight of the Credit Rating Agencies Post-Dodd-Frank，” Subcommittee on Oversight and Investigations of the Committee on Financial Services，US House of Representatives，July 27，2011，14，https://www.govinfo.gov/content/pkg/CHRG-112hhrg67946/pdf/CHRG-112hhrg67946.pdf，访问时间：2019 年 8 月 28 日。

61. Tooze，*Crashed*，150.

62. Tooze，150.

63. Tooze，150.

64. Randall Germain，*Global Politics and Financial Governance*（London：Palgrave Macmillan，2010），79.

65. *The Economist*，“Rep uh oh，” September 28，2019，88. 另见“Making the World Go Round，” *The Economist*，November 2，2019，73。

5 金融毁灭中的小机构

唔……我觉得他们错了，跟其他人一样。（大笑）……人们关注评级，评级公司有一个评级的模型……反正我是从没见过这个模型，但这个模型的假设必然是……房价——我是说住宅价格，不会跳水，而且不会全国大跳水。

那是谬误模型，信奉这个模型的包括房地美、房利美、美国国会、媒体、我本人[大笑]、投资者和各地的购房者……这是泡沫心态的一部分，而这种泡沫心态都贯穿了……各种模型，依此模型行事的不仅有各大评级机构，还有其他金融机构。

——沃伦·E.巴菲特，伯克希尔哈撒韦公司首席执行官，

《美国消费者新闻与商业频道》，2010 年 6 月 2 日

为什么评级机构不惜赌上自己的特权地位，转变为现在的顾问角色——告诉客户他们需要什么，并帮助发行人获得他们创建的结构融资产品所需的评级等级？是什么打破了根深蒂固的保守

评级心态？还打破了在华尔街机构中历经十几年才建成的体系和惯例？发生这种情况的背景是金融去中介化，即，借款人直接向资本市场寻求资金，而不是找银行借款。[1]金融去中介化刺激银行投身于证券化融资。住房抵押贷款支持证券为银行提供了更高的回报率，同时依然具有较高的信用评级的诱人场景。

为什么评级机构在证券化金融中不惜冒着毁掉自己评级特权地位的风险，也要接纳这样的角色转变？我分析认为，评级机构的角色之所以转变，源于安然事件后评级机构对业务不确定性的感受。考虑到金融创新所呈现的新态势，它们不知道接下来会发生什么业务灾难。[2]在这种情况下，评级机构原有的那套操作模式，似乎已经不再适应新的局面了。安然公司案例中评级失败的实例，凸显了评级方法存在的缺陷。20 世纪 90 年代安然公司大步流星地进行金融创新，评级机构却步履蹒跚。邓白氏大厦（Dun and Bradstreet Building）曾经坐落于教堂街 99 号，就在世贸中心尘土飞扬的废墟旁；而如今已被拆除。当时我就在这座大厦与一位穆迪高管交谈，了解到了穆迪亟须了解市场在经历安然事件后对评级有什么需求。[3]她表示，穆迪曾询问过市场参与者是否希望在评级过程中纳入公司的股市相关数据，从而实现按小时更新的评级。有人告诉我，对这样的建议，市场参与者并不赞同。尽管市场参与者看重评级的时效性，但他们也认为评级与那些对金融市场行情的高频实时判断（如股价）全然不同，评级本身并不是此类瞬时性信息。我眼中 2002 年的穆迪仍然是华尔街保守派思想的堡垒，而听到穆迪高管告诉我，他们竟然向市场询问自己应该做何种改变，着实令我震惊。这也说明了穆迪公司内部的极度焦虑，而这是我在过去十年的评级研究中从未遇到过的。也许写字楼外面的世界末日气氛*，使情况显得更加糟糕；但是通过这次采访，我们可以非常清楚地看到，金融业的动荡让穆迪公司所面对的世界彻底改变了，这个新世界如同琼·迪迪翁(Joan Didion)小说中的场景，每一块岩石下都有“妖魔鬼怪”，随时准备发难。正如安然的审计事务所安达信(Arthur Andersen)发现的那样，这些冲击可能致命。这位高管认为，鉴于潜在的危机和挑战，公司需要用新思维去应对，也需要变得更加强大。穆迪公司旋即开启了收购计划，对象多为量化信用分析初创企业；至今，穆迪和其他两家三大评级机构也一直在收购类似企业。当年通用电气等公司在寻求新技术或进入新的商业领域时，也会进行一样的收购。[4]评级机构并购行动的目的，似乎是为了确保评级机构的核心评级业务处于行业的最前沿，而不是在技术变革的浪潮中对自己技术过时的事实长吁短叹。这正如当个人电脑成为办公桌上通用业务工具时，王氏实验室(Wang Laboratories，王安电脑公司)生产的组合打字设备和大型文字处理机则开始面临窘境。

21 世纪初，惠誉的崛起催化了评级机构圈子里本就存在的巨大不确定性。我们知道惠誉现在是三大评级机构之一，但其实这个格局 2000 年后才形成。从 1913 年惠誉成立到 20 世纪 90 年代之间，尽管惠誉按照由标普首创的评级符号系统搭建了自己的评级体系，并因市政评级而在美国市场上备受尊重，但是其规模一直都远小于穆迪和标普。20 世纪 90 年代，惠誉与总部位于伦敦的

* 指“9·11”恐怖袭击。——译者注

IBCA 合并，之后 2000 年与芝加哥的道衡公司（Duff & Phelps）和汤姆森银行评估公司（Thomson Bank Watch）合并。自 2018 年起，新公司由赫斯特公司（Hurst）全资控股，目前规模与穆迪和标普相当。基于积淀良久、信誉良好的品牌，以及对新融资业务的重视，惠誉跻身新版“三大评级机构”之列；而其他后来的评级机构，既未能如惠誉那样在华尔街浸淫日久，也没有像其那样有现金流入，因此认可度不高，也没有实现业务增长。[5] 1997 年，市场上发布的评级报告中，惠誉占了不到十分之一。到了 2007 年，惠誉发布的评级报告份数已占到全市场的三分之一。[6]

就在惠誉开疆扩土的同时，游戏风险也在积累。1992 年，我第一次去纽约进行实地考察时见到了标普的总裁，会面地点是他的办公室，窗口尽览纽约港全景。即便从当时他的言谈当中就可以明显看出，从评级机构收入增长的角度看来，结构融资这种新业务发展前景令人垂涎。从 1990 年诞生时的一无所有，到全球金融危机前夕占据评级机构收入的半壁江山，结构融资的拔地而起也改变了资本市场和评级行业的面貌。

在那场催生现代惠誉的资本重组发生之前，评级行业呈现舒适的双头垄断格局，收入稳定，增长温和。但随着 20 世纪 90 年代后，局面出现了变化。惠誉入局，舒适的双头垄断格局演变成三足鼎立。正如贝克尔（Becker）和米尔伯恩（Milbourn）所言：“政策制定者和监管机构之间存在广泛共识，认为强化评级机构之间的竞争，是提高评级质量的一种潜在有益方法。”[7] 因为大多数证券上市通常需要两家机构的评级结果，所以每个评级项目上三大评级机构之中都会有一家没有业务。对于这一点，任何一家三大评级机构都非常敏感，因为这与其自身利益紧密相关。如果任何一家市场份额萎缩，就意味着这家机构从结构融资中获得收入的机会减少，这使得评级市场份额比以往任何时候都更重要，以至永远改变了评级机构。

博·贝克尔（Bo Becker）和托德·米尔伯恩（Todd Milbourn）的研究表明，随着惠誉晋身三大评级机构，评级市场的竞争加剧，“竞争加剧的趋势与评级质量下降的趋势高度一致”[8]。竞争似乎削弱了“评级行业中评级质量所带来的声誉激励”[9]。鼓励竞争可能有益于压低评级服务费，但会损害评级产品自身的诚实性。贝克尔和米尔伯恩认为：“评级行业的质量，取决于声誉积累行为所能获得的‘寻租回报’，毕竟声誉积累需要花费高昂的短期成本。若‘寻租回报’减少，则以声誉积累为导向的行为也会变少；换言之，高质量的评级会变少。”[10]如果惠誉没有成功晋身三大评级机构，评级机构可能还会与结构融资业务保持着更为公平的关系，甚至还可能永远不会染指这些业务。

对评级机构的“拷问”

从 2007 年开始，美国立法机构曾多次召开听证会，调查评级机构在金融危机中的角色。听证会由参众两院的多个委员会和小组委员会发起。早在金融危机前，国会就多次就评级机构举行听证会了。危机前的最后一次听证会，就在安然公司倒闭前后，而后于 2006 年 9 月通过的《评级机构改革法案》在当时仍处于立法程序中。

《评级机构改革法案》通过后一年左右，2007年夏季住房抵押贷款支持证券(RMBS)评级出现了下调。这让美国参议院银行以及住房和城市事务委员会于2007年9月26日举行了一场听证会，讨论“信用评级机构对次级信贷市场的作用和影响”[11]。听证会主席参议员杰克·里德(Jack Reed)指出，最近的降级潮“导致一些投资者对评级的职业道德和可靠性失去了信心”[12]。但他表示，“我们的目标是取得自愿行动和监管行动之间的恰当平衡”，以恢复市场信心。[13]美国证交会主席克里斯托弗·考克斯(Christopher Cox)发表声明，指出《评级机构改革法案》中没有任何条文授权对特定评级结果的质疑，或者去改变评级程序或方法。里德当时问他是否想要这些权力，考克斯回答说：“如果评级机构只是遵循政府指示而行事，那么竞争会变成什么样子，市场会变成什么样子，信用评级自身又会变成什么样子，这些问题的答案大概不难想象。创新将不复存在，改进的可能性会荡然无存，创新或改进肯定会被套上‘紧箍’，因为那时我们肯定会做顺位排序。”[14]随后，考克斯提到了《改革法》中设想的评级行业竞争的“补救效应”。资深参议员理查德·谢尔比(Richard Shelby)向考克斯建议，“透明度和竞争是无可替代的”，考克斯对此表示赞同。[15]参议员约翰·苏努努(John E. Sununu)则继续关注此问题对信息供应的影响，询问考克斯是否有历史违约率数据可供“将一家(评级)机构的评级表现与另一家机构进行比较”[16]。

哥伦比亚大学法学教授约翰·科菲(John Coffee)向委员会提交了证据，试图将评级机构描绘为“在市场中承受巨大压力的看门人”[17]。他表示，结构融资不同于其他证券产品，它给各参与方都赋予了权力，因此给评级带来了压力。这是“因为结构融资赋予了投资银行新的权力。投资银行开始堆砌海量的证券化资产池，他们对此业务乐此不疲，如果得不到想要的评级，他们甚至可以抹掉评级机构的生意，他们比传统企业发行人拥有更大的权力”[18]。他接着指出，穆迪公司于2007年7月下调一系列住房抵押贷款支持证券的评级等级，导致穆迪在CDO市场的市场份额从原先的75%掉到了25%。在他看来，这相当于穆迪承受了“极限压力”，损害了评级质量。[19]

里德参议员随后向2007年时任标普评级主管薇姬·蒂尔曼(Vickie Tillman)提问。里德表示，这些机构不仅对住房抵押贷款支持证券评级，而且还“协助结构融资证券的搭建，或是向客户建议他们可以如何处理”这些证券，当时蒂尔曼回应道：

> 首先，我想明确一点，我们的评级标准对市场上的所有参与方都是绝对透明的。他们理解这一点。他们完全明白。我们在内部使用了多种模型，以此对压力测试进行研究，或对有关打包贷款的违约概率进行研究，这些模型在市场上随处可见。
>
> ……围绕着这些贷款有什么样的特点，以及我们在市场上到底应用何种压力场景，存在着很多不同的理解。
>
> ……随着发起人发放贷款，投资银行家与发起人合作，将这些贷款打包。他们已经知道自己在寻找什么类型的贷款，你或许会相信他们围绕着标准普尔对贷款的将近70条标准，

对每一笔入池贷款进行挑选。

我认为似乎有一点需要指出，贷款一旦打包，实际上构成了一个非常复杂的投资群落。这些债券中相当多的一部分（即使不是大多数）被卖给了机构投资者，或者被卖给了对冲基金。这些对冲基金有自己的分析师，他们关注的不仅是这些债券的评级等级，因为评级结果仅与信用风险有关。但评级等级并不能代表投资的适宜性或定价区间。这些机构投资者或对冲基金，会依托于他们自己的公司，由自己的人员负责运行自家的模型。或者说，他们以我们的模型为基准，调校、运行他们的专属模型，然后再决定这些债券是否适合其特定风险偏好的投资。

……他们完成了这一系列的流程，向标普提出证券池一揽子打包方案。[20]

里德参议员接着插话道，

里德参议员：那么，对于产品如何结构化，标普和发行人之间没有合作？你只是单纯地接受他们呈现给你的东西，对其进行评估，并给定评级？

蒂尔曼：我们之间的沟通对话很有成效。我们与投资银行家进行了开诚布公的沟通。他们需要理解我们的评级标准是什么。我们也需要更好地理解他们产品的结构。如果我们告诉他们，他们的产品不符合我们的标准，我们也就会告诉他们为什么这些产品不符合评级标准。

里德参议员:还有如何使其符合这些标准。

蒂尔曼:不是,先生。我们没有告诉他们如何改良其产品。是否要改变产品结构、改变资产池、改变其产品设计过度抵押化的现象,这些全由他们决定。

里德参议员:我很赞赏……我认为,至少从表面上看,你们不只是拿到一组贷款或一种金融产品,然后告诉对方"这是我们的评级结果,接不接受由你"。毕竟有这次对话。[21]

2008年10月22日,在雷曼兄弟破产、政府接管房利美和房地美,以及美国政府发出1 800亿美元救助债券保险公司——美国国际集团(80%的所有权)数周后,美国众议院监督与政府改革委员会举行了听证会。[22]会议听取了内部人士的陈述和证词,并对一些内部人员进行了质询,如穆迪公司(穆迪投资者服务公司的母公司)董事长兼首席执行官小雷蒙德·麦克丹尼尔(Raymond McDaniel Jr.),以及包括穆迪前董事总经理杰尔姆·方斯(Jerome Fons)在内的前内部人士(现在是批评者)。在质询证人时,委员会使用了要求呈交法院的评级机构文件(包括电子邮件)。

众议员韦克斯曼是委员会主席,他拿出了2007年9月11日在穆迪公司召开的董事总经理级"全体会议"会议的纪要。[23]韦克斯曼特别强调了这场全体会议,因为它揭示了穆迪公司内部的诸多动荡,以及这背后的市场份额之争。韦克斯曼没有提到的是,也正是麦克丹尼尔在演讲中点出的,监管机构是如何向穆迪寻求帮助的:

我们需要你们,穆迪,我们需要你们和整个评级行业,拿出一份你们自己可信的答案来解决次级贷款市场和信贷紧缩中所发生的问题。因为，如果你们不这样做，危机会外溢到政界，而且会出现重击反应。过度监管成为……一种风险。监管机构表示，坦率地说，我们宁愿你们拿出一个解决方案，因为你们的方案，总好过政客们能想出的主意。实际上，这是在邀请我们为他们提供工具，帮助他们应对正在发生的许多指控。[24]

在质询中，标普代表（标普总裁德文·夏尔马[Deven Sharma]）坚称，他们公司没有协助发行人设计资产支持证券，以图获得某特定评级。[25]他表示，就提交给他们的交易是否符合特定评级的标准，分析师确实会提供一些意见，但他们不会就交易的结构向发行人提供建议。麦克丹尼尔表示，穆迪确实在金融工具发售前，与发行人和投资者讨论了可能给予的评级等级。惠誉首席执行官兼总裁斯蒂芬·乔恩特（Stephen Joynt）断言，咨询和设计证券不是他们工作的一部分，但这个过程必然是“你来我往”。

在听证会召开前一年，《华尔街日报》发表了一篇文章，讨论了结构融资评级中的“你来我往”。他们将这一过程中的互动，描述为负责发起证券的承销商与评级机构之间的“合作”：“承销商所做的事情，不仅是把各类住房贷款组合成一种证券产品，然后将这些产品交给信用评级机构，以确定证券产品的评级等级。相反，它们在设计抵押债券或其他证券时，就与评级公司进行合作，以确保其获得足够高的评级并在市场上销售。”[26]里斯托尔茨引用同一篇文章指出，评级机构“积极参与了结构融资产品创建的过程，而不是充当客观的第三方仲裁者的角色，也不是单纯'错估'了结构融资产品的信用质量"[27]。

关于利益冲突，听证会研究了各评级机构在保持市场份额方面所面临的压力，纽约州众议员卡罗琳·B.马洛尼(Carolyn B. Maloney)特别针对从穆迪获得的一份强调此类困难的文件(文件日期为2007年10月23日)提出了多项问题。马洛尼引用麦克丹尼尔的函件指出，大家对发行人和投资者在评级方面的利益分歧表示担忧，认为会有损评级质量，以至于"在此基础上导致竞争愈加恶化且不受约束，从而可能会造成整个金融系统的风险"[28]。当天早些时候，在第一场听证会上，马洛尼介绍了麦克丹尼尔和穆迪董事会之间的沟通情况，当时她引用了这份文件，描述评级过程中不同利益相关者之间的紧张关系——"多年来，穆迪一直在这种两难的困境中挣扎。一方面，我们需要赢得业务，保持我们在评级市场中的份额，否则我们就不再具有存在的价值。另一方面，我们的声誉取决于能否维持评级质量"[29]。

听证会后半程，马萨诸塞州众议员约翰·F.蒂尔尼(John F. Tierney)向各个评级机构的首席执行官提问：如若放弃发行人付费的商业模式，回归由投资者付费，是否能缓解马洛尼所强调的压力。[30]虽然他和乔恩特都认为存在压力，但麦克丹尼尔观察到：

> 我认为可能我们犯的最大错误，是认为投资者付费模式当中没有利益冲突存在。因此，只要评级机构的评级费用的支付方与我们的观点有财务干系，包括投资者或发行人，压力就一定会存在。所以现在的问题并不在于是否存在利益冲

突，因为利益冲突确实存在。现在的问题是，如何正确地管理这些利益冲突，并且管理的过程要有足够的透明度，这样监管当局和市场参与者能够得出结论：事实上，这些利益冲突正在按照适当的专业标准处理的。[31]

几年后，在伦敦下院财政委员会的听证会上，惠誉新任首席执行官兼总裁保罗·泰勒(Paul Taylor)被下院议员帕特·麦克法登(Pat McFadden)问及利益冲突问题，

麦克法登先生：评级费用是由金融产品的卖方支付的。评级机构向投资者市场表达自己针对卖方产品的评级意见，而卖方向其付费，这难道不会造成利益冲突吗？[32]

保罗·泰勒：是的，这确实造成了利益冲突。我认为关键的问题是，我们要坦诚面对这种利益冲突的存在，并对这种利益冲突加以管理。事实上，你能想出的任何其他商业模式，都会存在着利益冲突，所以如果投资者付费，不管评级结果上调、下调还是保持不变都会牵扯他们的利益，因为投资者也是众口难调。其中还包括许多短线交易投资者，因此他们可能会与投资者发生冲突。如果当前某个中央政府机构委托我们评级，也可能出现潜在的冲突；评级机构会在需要时对该国银行降低评级等级吗？

所以无论你采用什么样的评级收费模式，都会有利益冲突。你必须管理冲突。我认为，过去七年对发行人支付模式的批判太多了，结果导致出台了一大堆事项去管理和披露这

些冲突。

麦克法登先生:向我解释一下,为什么投资者付费模式存在冲突。

保罗·泰勒:假设我拥有一只债券,而我正在考虑出售我的这只债券,因此如果对该债券进行评级,评级结果可能会影响这只债券的价格。因此,对于这只债券的评级是上调、下调还是保持不变,如果我能影响有关决定,我就可能在其中存在利益关系。

麦克法登先生:在整个行业中,如果你认识到你们所有人使用的发行人支付模式存在利益冲突。那么业内是否已经出现了讨论,或者比如在你公司内部是否有深入讨论,包括"我们能想出什么其他模式吗?我们承认存在利益冲突。我们能否想出别的办法,在谁是我们的支付方以及我们如何赚取费用的模式方面(做点什么)赢得更多市场信心?"

保罗·泰勒:我们在内部已经进行了这些讨论。但是目前没有任何一个解决方案,能够确保我们维持业务规模、覆盖面和独立性。发行人付费模式已经被市场所理解和接受。你谈到了提高市场信心,而我认为市场仍然对信用评级机构所做的工作充满信心。市场仍在使用评级,仍在定期与我们交流,我们也仍然是人们选择使用的评级机构。我认为,在使用其他信息源方面,现在市场已经多了些明智,少了些盲目,但我们仍然与市场保持着良好的沟通。

最近,惠誉评级公司现任总裁伊恩·林内尔(Ian Linnell)与惠誉集团（惠誉评级的集团公司）现任总裁兼首席执行官保罗·泰勒（Paul Taylor）的观点不谋而合，他告诉我，“所有的商业模式都有潜在的利益冲突”，并且，根据他们的经验，投资者和发行人都没有寻求变革，都不想争取回到“投资者付费”的模式。[33]

2008年10月22日，在美国众议院监督和政府改革委员会的听证会上，委员会成员对结构融资的理解似乎时而深入，时而却泯然众人，对结构融资的运作方式的理解不甚了了。加州众议员戴安·E.沃森（Diane E. Watson）针对加州公共财政和债券发行询问了有关问题，并表示“信用评级的意义似乎很武断”的观点，而后问道，“当基于次级抵押贷款的垃圾债券获得‘AAA’评级，与美国联邦财政部的评级相同时，人们怎么可能信任这些评级？”[34]

听证会结束时，韦克斯曼主席在为会议做结语时，引用了委员会所获取的评级机构文件中部分令人难忘的行业说法，意在揭示评级机构的“彻底崩溃”：[35]“我们喝酷爱*”，“惠誉和标普都疯了”，“没有人在意，因为整个体系就那么运转着”，“为了营收，我们不惜把灵魂卖给了魔鬼”，“这个结构化产品可能是奶牛搭的，而我们还要对它进行评级”，“我们希望，这个纸牌屋倒塌之前，我们都安全退休了”，“对贷款风险简述的任何要求都是完全不合理的”，等等，诸如此类。[36]

这些话语中，韦克斯曼提到的“由奶牛进行的结构化”的说法令人好奇。在当天上午的第一场听证会上，肯塔基州众议员约翰·A.亚穆特（John A. Yarmuth）提请委员会注意这一点。这些

* 美国邪教集体自杀时常喝的饮料。——译者注

术语在标普结构融资部门两名员工之间的即时通讯中有出现过。他们讨论的主题是，标普是否应该对某项交易进行评级。听证会纪要中，此次谈话的录入如下，

员工一："那笔交易太荒谬了。"

员工二："我同意，再好的模型也只能反映不到一半的风险。"

员工一："我们不应该评它。"

员工二："无论什么样的债券我们都得评，哪怕这些结构是奶牛搭的，我们还是会进行评级。"

员工一："但由此会产生很多风险。我个人对作为委员会成员签字并不安心。"[37]

"奶牛论"一出，即刻见报，但是标普首席执行官对此所作的澄清解释并未见诸报端。他的澄清全文都在试图解释，两位分析师讨论的是外部银行所用的模型，而不是标准普尔模型，后来在评级之前这些模型也已经调整过了。亚穆特承认，虽然断章取义的引用可能扭曲了含义，但同时也意味着修订过程"听起来相当可疑"[38]。

2010 年 4 月 23 日，美国参议院国土安全和政府事务委员会调查常设委员会召开了听证会，此次听证会面向评级机构进行调查，动用的手段可能最密集。密歇根州参议员卡尔·莱文（Carl Levin）主持了这场听证会，调用材料涵盖从评级机构获得的数百页的电子邮件等文件。[39]

莱文使用的语言与伯南克(Bernanke)类似,将评级下调称为金融危机的“触发因素”:

> 回顾过去,如果说有某个单一事件能被认定为 2008 年金融危机的直接触发因素,我认为是从 2007 年 7 月开始出现的大规模且广泛的评级下调。当时,信用评级机构意识到,它们的“AAA”评级将无法维持……这些大规模的评级下调,像一把砸向市场的巨锤。[40]

他认为,这一触发因素的底层诱因是金融创新。他表示,在金融危机之前的几年,评级机构所评的抵押类贷款* 存在问题。传统的低风险 30 年期抵押贷款已被新的抵押贷款所取代。在这些情况下,“对于这高风险抵押贷款的长期表现情况,信用评级机构根本没有相关数据”[41]。莱文接着描述了整个过程,具体包括评级机构意识到自己的假设条件是错误的,并决定它们需要修改其评级模型;但是对于如何将这些新的评级假设应用于 2005—2006 年的存量评级,评级机构却闪烁其词。[42]

修订后的住房抵押贷款支持证券(RMBS)模型预测显示,高风险抵押贷款的违约率将大幅提高,并要求对预期损失提供更大的保护,包括对“BBB”级次贷证券增加 40%的信贷保证措施。这意味着,要增加 40%的资本缓冲来防止损失。用经修正的模型重新评估存量住房抵押贷款支持证券,可能会导致评级下调,由此会

---

* 结构融资的底层资产。——译者注

引发发行人的愤怒，更会引发投资者更大的愤怒，因此标普最终没有这么做。穆迪也没有推进，它们在新发的住房抵押贷款支持证券产品上强化了模型，但却选择不将新模型应用于存量债券。[43]

房地产市场进入崩盘节奏之后，评级机构还是将这些新的假设条件投产了；2007 年夏季，评级下调浪潮随之涌现。

莱文总结了通过法院传票从评级机构获得的信息，

> 这些文件……显示了排山倒海的评级需求压垮了评级流程。尽管利润屡创新高，但两家信用评级机构的人手依然不足，而面对投资银行家希望在几天之内完成的复杂交易，他们焦头烂额。这些文件显示了投资银行家如何与信用评级分析师争论，前者在最后一刻引入更为劣质的资产作为替换，同时还迫使分析师们放弃他们的评级程序和评级标准。关于银行家们试图施压让那些拒绝“合作”的分析师离岗，我们看到了不止一例。[44]

莱文说，这些文件和听证会证人表明，评级业务的“环境有所转变，之前是注重评级准确性的学术性文化，之后是要求达成交易、保持市场份额的巨大压力”[45]。

随后，穆迪衍生品评级组前高级经理埃里克·科尔钦斯基(Eric Kolchinsky)指出，2007 年上半年，仅他的条线就为穆迪创造了 2 亿美元的营收。根据他估计，这大约占到穆迪同期总营收的五分之一。[46]产生这笔营收，所付出的代价是：

评级机构服务的市场激励机制倾向于短期利润而不是信用质量，倾向于评级数量而不是质量。现在，情况也差不多。

在穆迪，冲突的根源来自对评级市场份额的追求。评级集团的负责人背负了上级总监的期望压力，去不断开拓或至少保持市场份额。大家心照不宣，如果丢了市场份额，就意味着有人要失业了……据我所知，高级管理层从未提出要求降低信用标准的明确要求，但对于董事总经理们来说，这是夺回市场份额的一个简单方法。[47]

到了2005年，评级机构失去了动力，以至于评级人员似乎认为它们的传统“委托人”不再是他们的客户了。

参议员莱文：请问科尔钦斯基先生，在你的机构看来，大体上哪些群体构成了客户？是投资银行家还是投资者？

科尔钦斯基先生：是银行家，通常被称为客户。如果有投资者打来电话，那他们就是客户，但他们从来没有打过电话。只有银行家才是客户。[48]

有发行人投诉了前穆迪结构性衍生品评级组高级副总裁理查德·麦克里克(Richard Michalek)，他也是听证会证人，当时穆迪的高级管理层向他建议，与作风激进、磨刀霍霍的银行家打交道时，穆迪对评级流程持更为长期主义的观点：“当我与布莱恩·克拉克森(Brian Clarkson)就这个过程进行了一些讨论时，他的观点是：是的，我们当然可以产出完美的评级结果，不过那就没办法留住业务了；如果没有业务，那么我们也就没有了提供价值的角色。所以在某种意义上，这就像是说：是的，这种毒药我们是往药汤里滴了几滴，但病人最后会得救，因为只有这样才有上战场作战，甚至打一场漂亮仗的机会。"[49]在第三场，即最后一场听证会上，参议员莱文听取了各评级机构前任和现任高管谈论他们就评级程序的改善所开展的工作，之后表示"未来"并不是听证会的重点。小组委员会的任务主要是调查出了什么问题，以及导致这些问题的原因。他谈及小组委员会收集的一些材料，然后回顾了当天早些时候麦克里克在听证会上的出席作证情况：

> 他作证称，他认为穆迪总裁、穆迪结构融资部门前主管布莱恩·克拉克森，当时正推动穆迪文化的变革，从更具分析性的环境转向利润驱动型的环境，更多的是将投资银行视为自己的客户，而不是以投资大众作为真正的客户。但尽管如此，他的发言概括起来就是，许多银行家仍然还向克拉克森先生抱怨说，麦克莱克先生问的问题太多，做的审查太过于彻底。这些银行家希望，自己的项目中能不由麦克莱克经手，并且他们也如愿以偿了。他作证说，克拉克森建议，让他对自己所做的工作做出解释，但是最终的结果是，穆迪不再允许他从事与某些银行的交易，而不是对麦克莱克提出了探究性问题、履行自己的职责进行奖励。其中传达出来信息，对于穆迪的员工来说已是一种非常明确的信号。[50]

2009年5月，美国国会领导层成立了金融危机调查委员会，由前加利福尼亚州财政部长菲尔·安吉利德斯(Phil Angelides)担任主席。委员会的第一次会议于2009年9月举行,首次公开听证安排在了2010年1月。委员会于2010年6月2日在纽约市社会研究新学院举行了关于信用评级机构的听证会,议题为“信用评级的可信度、根据这些评级做出的投资决策以及金融危机”[51]。委员会的最终报告于2011年1月发布。[52]

穆迪前高管埃里克·科尔钦斯基(Eric Kolchinsky)首先作证。他重述了4月在华盛顿向调查小组委员会所作证词的许多事项。他表示,评级用户“缺乏指导”,意味着“几乎不担心会有任何人质疑这些金融产品所采用的评级方法”。他表示,穆迪唯一需要担心的是“关于声誉风险的一些模糊概念”。他接着指出:“评级机构所面临的是长期产品质量和短期利润之间的冲突,这种冲突是由来已久,已不足为奇。这样的冲突中他们选择了后者,即短期利润。”[53]

他说,这导致了“文化的转变”,即从“一种类似于大学学术部门的文化,转变为一种不惜任何代价而追求营收的文化”。管理层这种对维持、扩大市场份额的关注,是这一变化背后的根本原因。[54]科尔钦斯基还对自己评级组的资源短缺抱怨连连:

> 尽管业务的交易数量在不断增加,其复杂性程度也在不断提高,但我们组并没有获得足够的资源。2007年之前,我们几乎跟不上交易流程和市场的发展趋势。面对银行家的压力和高工作负载,许多分析师开始把自己的工作缩减到最低临界值。对于所有新出现的信誉问题,我们没有时间进行任

何有意义的研究。我自己试图努力在日益混乱的市场中抓紧方向盘，却遭到了我的上级的责备。她告诉我，我在阅读研究材料方面花费的时间太多了。[55]

后来，在听证会质证过程中，面对高级专员布鲁克斯利·博恩(Brooksley Born)提出的关于发行人或投资银行撒谎的问题，科钦斯基在回答中证实说，

出于务实的目的，我们不会放弃一笔交易，我们不能说不。其实你在任何普通业务中，如果你发现你的交易伙伴对你不诚实，你会说，"我不打算和你做任何生意"，这算是最基本的惩罚机制。但是一旦因为你想增加市场份额而关闭了这条路，惩罚机制就消失了。我们处于"准"监管者的地位，这个"准"字意味着我们没有权力强迫人们向我们提供信息，也无权核查他们陈述的真实性。[56]

当天晚些时候，沃伦·巴菲特(Warren Buffett)与穆迪首席执行官麦克丹尼尔一起列席举证。巴菲特的公司伯克希尔哈撒韦(Berkshire Hathaway)是当时穆迪最大的单一股东。主席安吉利德斯向巴菲特质询了穆迪在危机前超凡的财务表现，以及这种表现否引发了他对穆迪的警惕。在回答中，巴菲特表示，他没有预料到房地产的泡沫规模，并表示如果他有预料到，"我大概会抛掉我的股票"[57]。巴菲特接着表示，在考虑房地产市场时，穆迪"犯了一个几乎全国人都犯的错误"[58]。随后，他表示表外融资引起了泡沫

规模的暴增，而这些泡沫还“隐藏”在市场视野之外。[59]安吉利德斯接着表示，评级机构是不是日子太好过了，以至于这个系统对于评级机构失效，“太多评级上调，但是却不存在评级下调?”对此，巴菲特回答道:“我认为美国大部分企业都存在这种失衡。”[60]在详尽阐述评级业务的竞争问题时，巴菲特指出，竞争加剧可能会带来不利影响，

> 如果有十家评级机构，一样被尊敬，都为市场所接受，而此时伯克希尔哈撒韦公司发行一只债券，你只需要一家评级机构，我们可以选用其中的任何一家，那么，这十家评级公司将在评级价格或评级宽松程度方面，或者在两方面都进行竞争。我的意思是，其他评级机构会通过公开市场试图获得我们的业务，它们尝试的手段可能包括降低价格，也可能还包括放松评级标准。你可以认为，如果只有一家评级机构，它们就没有理由在价格或宽松尺度方面进行竞争。我的意思是，企业可以具有独立性，但这种独立需要有业务实力作为支撑。本·富兰克林说，一个空袋子很难站直。因此，如果你真的遇到了竞争激烈的情况，我不确定评级机构在得出信用结论时是否会像现在那样独立。[61]

委员会听证会在纽约举行，下午阶段的会议计划主要听取布莱恩·M.克拉克森的证词。克拉克森是穆迪投资者服务公司的前总裁(2007 年 8 月至 2008 年 8 月)，他提交了一份书面声明，但因健康原因不能出席听证会。此前，他从未出席过针对金融危机

和自己在穆迪公司工作情况的有关听证会或调查。他在穆迪获得擢升之前，穆迪并非结构融资评级领域的巨擘，在他接手之前的1999年，穆迪所进行评级的结构化金融交易只占到市场总额的14%。2007年，这一比例已暴增至94%（价值1 900亿美元）。[62] 2006年，穆迪的结构融资板块占穆迪总营收的43%，比1998年的28%有所增长。2006年，穆迪公司仅从结构融资中获得的收入就达到8.81亿美元，超过了公司在2001年全部业务的总营收。

克拉克森在书面证词中表示，造成危机的原因有多重因素的叠加。这些因素包括，历史性的低利率、政府促进购房的政策、"全国范围内的房价突然严重下跌"，以及同样严重、前所未有的再融资信贷收缩。[63]他接着表示，穆迪意识到了房地产市场的恶化状况，并在2003年至2006年间采取了行动，其中包括将证券化交易的信用保护提高了约30%。他指出，问题是美国房地产市场的恶化程度"超出了任何人的预期"，穆迪"和其他许多人一样，没有预料到衰退的规模或严重程度"[64]，克拉克森坚持认为，在结构融资领域，评级机构的作用仍然是提供意见，是为了"缓解发行人和投资者之间存在的部分信息不对称情况"[65]。他接着说道："有人问我，我是否认为扩大市场覆盖率和保持评级质量的目标之间存在冲突。我认为不存在。根源上看，目标之间相互交织。"[66]他接着解释道，这一观点支撑论据众多，其中一种看法是扩大评级的覆盖范围，可以使评级关注点之间更加具有可比性。[67]

当天，克拉克森在穆迪的两名前下属出席作证，他们是马克·弗勒巴（Mark Froeba）和理查德·麦克里克。这两名前员工都是律师，其中，麦克里克曾在4月向参议员莱文的小组委员会上作证。弗勒巴表示，在2000年穆迪股票在纽约证券交易所独立交易之前，该公司具有“极其保守的分析文化”，“对于能为自己认为是迄今为止最好的评级机构工作，分析师们感到十分自豪”。[68]他表示，穆迪本可以阻止房地产泡沫，但当房地产泡沫真正到来时，“穆迪早已有意抛弃了自己的声望地位，交出了它的权力，放弃了其信用分析上的优秀特质”[69]。用弗勒巴的话说，

> 布赖恩·克拉克森将穆迪在RMBS板块的市场份额翻了两番，而做到这些，只需解雇或调走该板块几乎所有的分析师，并由愿意采用新评级方法的分析师取而代之。对于穆迪公司这种收入导向的新模式，我的看法获得了《华尔街日报》的引用，我的说法是公司从来没有明确要求过，要牺牲评级质量以服从于市场份额；取而代之的是，对于任何威胁到市场份额的评级操作，公司的支持力度都会明显减弱。[70]

弗勒巴表示，实际上这意味着“穆迪的高级管理人员从未处心积虑地把穆迪的评级往阴沟里拱。但他们建立了一种新的文化，在这种文化下，任何有损穆迪财务表现的做法都不会被长期容忍”[71]。在安吉利德斯的催促下，弗勒巴跳过了“布莱恩·克拉克森使用的、通过解雇对分析师进行威胁恐吓的种种方式”[72]。然后，他指出关于“解雇的话题……作为实施穆迪文化变革的工具……布莱恩并不是一个横行霸道的流氓经理人”[73]。理查德·麦克里克证实了弗勒巴提出的文化变化。他经历了一个“稳步推进的商品化过程，涉及我们正在评的金融工具”[74]。问题是，这个

商品化进程对“金融工具的复杂性日增”的情况似乎并不敏感。[75]

提到金融创新，人们不可避免地会想到计算机，也会想到受过高等教育的“火箭科学家”* 开发的量化风险管理技术。但是，这些其实不是金融创新的核心，律师才是。支撑证券的合同和信托架构对合法收益权做了安排，结构融资的真正本质尽在于此。结构融资发行文件可能会有数千页之长。这些法律支撑材料给不同分层的证券赋予了不同的权利。如“AAA”级的部分分层有权优先获得还本付息，而其他部分则必须按序轮候。这就是大量信誉不佳的次级抵押贷款还能产生出一些“AAA”级债券的原因。“AAA”级分层的投资者拥有获得收益的优先权，他们的预期是，即使部分次级抵押贷款人真的出现违约，也会有足够的资金确保对高等级证券的投资者还本付息。不幸的是，如果连这个预期也落空了，人们心中的不确定性就会一泻千里。正如 2007—2009 年所发生的，这场游戏戛然而止。如果这种组合产品再叠加经济衰退因素，结果必然出现全球证券市场的大规模减值。[76]

尽管这种情况是灾难性的，但评级机构真正的失败是另有所在，即评级机构自己选择了参与市场。几十年来，穆迪和标普一直扮演着法官或裁判的角色，与法律诉讼保持距离，在必要时做出判断。它们因这一角色而受到重视，凭此它们能够建立并积累起大量的声誉资本。但到了结构融资业务上，只有在评级机构积极参与设计金融工具的情况下，结构融资才可能实现。评级机构及其给出的评级结果，催生出了结构融资证券发行特定批次的不同部

---

* 形容从事艰深学问的高精尖人士。——译者注

分，或称作分层。其中有些部分被评为“AAA”级，其他部分的评级较低。由于此种部分证券所需法律文件和保护措施的复杂性，评级机构没有照旧置身事外，没有像个中立的法官。在结构融资这一领域，评级人员更像咨询顾问，帮助发行人调配证券，讨论如果他们的配置方式能够为投资者提供有针对性的法律保护，评级会是怎样的。这就是评级机构自毁特权地位的过程。

在本章中，我尽可能让评级人员和怀疑者们自己发言。从表面上看，这种情节也许可以和许多其他类似情况一样，可以被解读为关于贪婪的故事。但是，若你考虑全局，比如评级机构的权威地位、金融界和广大公众对评级机构结果的集体认同，以及评级机构的工作和信用评判者的角色已经成为整个金融体系的构成规则的事实，等等，那么很显然，要理解这些一系列事件的形成机制，必须采用基于社会基础的方法。

在下一章中，我探讨的话题将包括，这些评级机构从灭顶之灾中重新崛起，以及它们如何重现往日辉煌。

注 释

1. Rethel and Sinclair, *The Problem with Banks*, 51—70.
2. 2002 年 3 月，在安然事件和世界贸易中心双塔倒塌之后，这是我与穆迪高级官员讨论的一个专题特写，世贸中心双塔旧址毗邻穆迪纽约总部。
3. Jenny Wiggins and Peter Spiegel, “Enron's Fall May Spark Credit Rating Rethink,” *Financial Times*, January 19—20, 2002, 1.
4. 例如，惠誉于 2011 年底将一家风险分析公司出售给了 IBM 公司。“IBM to Acquire Algorithmics,” press release, September 1, 2011, https://www-03.ibm.com/press/us/en/pressrelease/35176.wss，访问时间：2020 年 9 月 5 日。
5. 一位前穆迪高管首先向我建议，惠誉的重新出现是评级市场变化和穆迪评级方式变化的关键因素。

6. B. Becker and T. Milbourn, "How Did Increased Competition Affect Credit Ratings?," *Journal of Financial Economics* 101(2011):494.

7. Becker and Milbourn, 494.

8. Becker and Milbourn, 496.

9. Becker and Milbourn, 499.

10. Becker and Milbourn, 499.

11. "The Role and Impact of the Credit Rating Agencies on the Subprime Credit Markets," www.govinfo.gov/content/pkg/CHRG-110shrg50357/pdf/CHRG-110shrg50357.pdf,访问时间:2018 年 12 月 12 日。

12. "Opening Statement of Senator Jack Reed," in "Role and Impact of the Credit Rating Agencies," 1,访问时间:2018 年 12 月 18 日。

13. "Opening Statement of Senator Jack Reed," 2.

14. "Statement of Christopher D. Cox, Chairman, Securities and Exchange Commission," in "Role and Impact of the Credit Rating Agencies," 16,访问时间:2018 年 12 月 18 日。

15. "Statement of Christopher D. Cox," 19.

16. "Statement of Christopher D. Cox," 21.

17. "Statement of John C. Coffee, Professor of Law, Columbia University," in "Role and Impact of the Credit Rating Agencies," 27,访问时间:2018 年 12 月 18 日。

18. "Statement of John C. Coffee," 27.

19. "Statement of John C. Coffee," 28.

20. "Statement of Vickie A. Tillman, Executive Vice President for Credit Market Services, Standard & Poor's," in "Role and Impact of the Credit Rating Agencies," 34,访问时间:2018 年 12 月 18 日。

21. "Statement of Vickie A. Tillman," 35.拉瑟斯记录了评级机构与结构融资证券潜在发行人之间的"积极合作"。见 Carruthers, "Knowledge and Liquidity," 166。

22. "Credit Rating Agencies and the Financial Crisis," www.gpo.gov/fdsys/pkg/CHRG-110hhrg51103/pdf/CHRG-110hhrg51103.pdf,访问时间:2018 年 12 月 3 日。

23. Moody's Investors Service, Managing Director's Town Hall meeting, https://democratsoversight.house.gov/sites/democrats.oversight.house.gov/files/documents/20081022112343.pdf,访问时间:2018 年 12 月 3 日。

24. Moody's Investors Service, Managing Director's Town Hall meeting, 4.

25. 这些互动出现在 2018 年 12 月 3 日访问的"Credit Rating Agencies and the Financial Crisis,"第 163、164 页。

26. Aaron Lucchetti and Serena Ng, "How Rating Firms' Calls Fueled Subprime Mess," *Wall Street Journal*, https://www.wsj.com/articles/SB118714461352698015,访问时间:2019 年 11 月 25 日。

27. Ritholtz, *Bailout Nation*, 112.李索尔兹所使用的被低估的说法,是乔治·W.布什总统创立的"布什主义"(Bushism)的一个例子。

28. "Credit Rating Agencies and the Financial Crisis," 165,访问时间:2018 年 12 月 3 日。

29. 这句话来自马洛尼提交给委员会的一份文件。2007 年 10 月 21 日,雷蒙德·麦克丹尼尔(Raymond McDaniel)的一封电子邮件中附上了"Credit Policy Issues at Moody's Suggested by the Subprime/Liquidity Crisis"。马洛尼读到的这段话,出现在 2018 年 12 月 10 日访问的"Credit Rating Agencies and the Financial Crisis,"第 60 页。该文件载于委员会记录,第 61—65 页。

30. "Credit Rating Agencies and the Financial Crisis," 169,访问时间:2018 年 12 月 4 日。

31. "Credit Rating Agencies and the Financial Crisis," 169.

32. 以下引文来自财政部委员会的口头证据,"Inquiry into Credit Rating Agencies," House of Commons, March 7, 2012。这是未修正的记录(没有修正的记录),https://publications.parliament.uk/pa/cm201012/cmselect/cmtreasy/uc1866-ii/uc186601.htm,访问时间:2019 年 11 月 7 日(未分页)。

33. 2014 年 10 月 2 日,伦敦金丝雀码头,惠誉评级全球分析主管伊恩·林内尔(Ian Linnell)访谈。

34. "Credit Rating Agencies and the Financial Crisis," 185, accessed December 4, 2018.

35. "Credit Rating Agencies and the Financial Crisis," 192.

36. "Credit Rating Agencies and the Financial Crisis," 191.

37. "Credit Rating Agencies and the Financial Crisis," 175.

38. "Credit Rating Agencies and the Financial Crisis," 175.

39. 小组委员会随后就其调查结果出版了一本书:美国参议院调查常设小组委员会、国土安全和政府事务委员会,*Wall Street and the Financial Crisis: Anatomy of a Financial Collapse* (St. Petersburg, FL: Red and Black, 2011)。另见 Elise J. Bean, *Financial Exposure: Carl Levin's Senate Investigations into Finance and Tax Abuse* (New York: Palgrave Macmillan, 2018)。

40. "Opening Statement of Senator Levin," in "Wall Street and the Financial Crisis: The Role of the Credit Rating Agencies," 5, www.govinfo.gov/content/pkg/CHRG-111shrg57321/pdf/CHRG-111shrg57321.pdf,访问时间:2018 年 12 月 20 日。

41. "Opening Statement of Senator Levin," 5—6.

42. "Opening Statement of Senator Levin," 6.

43. “Opening Statement of Senator Levin,” 6.

44. “Opening Statement of Senator Levin,” 7.

45. “Opening Statement of Senator Levin,” 7.

46. “Testimony of Eric Kolchinsky, Former Team Managing Director, Structured Derivative Products Group, Moody's Investors Service,” in “Wall Street and the Financial Crisis,” 15, 访问时间:2018 年 12 月 28 日。

47. “Testimony of Eric Kolchinsky,” 14—15.

48. “Wall Street and the Financial Crisis,” 44,访问时间:2018 年 12 月 28 日。

49. “Wall Street and the Financial Crisis,” 31.

50. “Wall Street and the Financial Crisis,” 91—92.

51. 金融危机调查委员会,官方记录,关于“Credibility of Credit Ratings, the Investment Decisions Made Based on Those Ratings, and the Financial Crisis,”的听证会,June 2, 2010, New School, New York, NY。此后称“金融危机调查委员会,官方记录”。

52. *The Financial Crisis Inquiry Report: Final Report of the National Commission on the Causes of the Financial and Economic Crisis in the United States*(New York: PublicAffairs, 2011).

53. Eric Kolchinsky 证词,金融危机调查委员会,官方记录,第 20 页。

54. Eric Kolchinsky 证词,第 20、21 页。

55. Eric Kolchinsky 证词,第 25 页。

56. Eric Kolchinsky 证词,第 144—145 页。

57. Warren Buffett 证词,金融危机调查委员会,官方记录,第 212—213 页。关于住房短缺,请参见 Kevin Erdmann, *Shut Out: How a Housing Shortage Caused the Great Recession and Crippled Our Economy*(Lanham, MD: Rowman and Littlefield, 2019)。对这些问题进行的更广泛的分析,见 Herman M. Schwartz, *Subprime Nation: American Power, Global Capital, and the Housing Bubble*(Ithaca, NY: Cornell University Press, 2009)。

58. Warren Buffett 证词,第 213 页。

59. Warren Buffett 证词,第 235 页。

60. Warren Buffett 证词,第 236 页。

61. Warren Buffett 证词,第 290—291 页。

62. Aaron Lucchetti, “As Housing Boomed, Moody's Opened Up,” *Wall Street Journal*, April 11, 2008, https://www.wsj.com/articles/SB120787287341306591,访问时间:2018 年 12 月 30 日。

63. 金融危机调查委员会布莱恩 · M.克拉克森(Brian M. Clarkson)关于“信用评级的可信度、基于这些评级做出的投资决策以及金融危机”听证会的证词,2010 年 6 月 2 日, http://fcic-static.law.stanford.edu/cdn_media/fcic-testimony/2010-0602-Clarkson.pdf,访

问时间:2018 年 12 月 30 日,第 1 页。

64. Brian M. Clarkson 证词,第 1 页。

65. Brian M. Clarkson 证词,第 3 页。

66. Brian M. Clarkson 证词,第 3 页。

67. Brian M. Clarkson 证词,第 3—4 页。

68. Mark Froeba,证词,金融危机调查委员会,官方记录,第 345—346 页。

69. Mark Froeba 证词,第 346 页。

70. Mark Froeba 证词,第 347—348 页。弗勒巴先生提到的《华尔街日报》的文章是 Lucchetti,“As Housing Boomed, Moody's Opened Up”。

71. Mark Froeba 证词,第 348 页。

72. Mark Froeba 证词,第 352 页。

73. Mark Froeba 证词,第 353 页。

74. Richard Michalek 证词金融危机调查委员会,官方记录,第 361 页。

75. Richard Michalek 证词,第 361 页。

76. 关于经济衰退社会动态的结构性基础,请参见 Andrew Gamble, *Crisis without End? The Unravelling of Western Prosperity*(Basingstoke, UK: Palgrave Macmillan, 2014)。

6 恶果

创建一个系统，鼓励原本应当进行评级的信用评级机构对债券提出盲目乐观的观点，是为愚蠢。而在人人都明白这是一场多么严重的灾难之后，仍然放任戴罪系统继续运行，则是蠢上加蠢。

——马特·奥布赖恩，《华盛顿邮报》

暂且不论立法上的“假动作”，信用评级机构早就成功逃脱了重大的监管和改革。

——巴里·艾肯格林，《镜厅》，2015年

关键问题是……针对信用评级机构和公司风险评估方法行动如果过于大胆……可能就是饮鸩止渴……监管机构担心，一旦改革全面推行，要么会强化评级的系统效应，要么只会将不稳定的结果归因从一组风险指标转移到另外一组而已。

——巴特·斯特林加，《为什么绩效限制信用评级改革》，2019年

对于评估没有固定价格的资产，信用评级机构发挥着至

关重要的作用——资产的未来风险当前尚未实现，并且也无法使用时间序列进行简单回归……信用评级机构就像是民主制度，除去所有其他替代品，可能是所有制度中最糟糕的制度。

——艾儒蔚和马克·布莱思，《谁让你负责？》，2015 年

本章讲述的是评级机构的“幸存”。评级机构失败了，但与审计事务所安达信不同的是，评级机构并没有消亡。穆迪、标普和惠誉仍然在资本市场上呼风唤雨、获利甚丰。这些被指控行为严重不端、能力不足任事、腐败触目惊心的机构，是如何继续存活下来的？评级机构苟活日久，而其他涉事机构早已灰飞烟灭，两者之间有何不同？有关评级机构“幸存”的核心问题是，它们的存续是否全凭运气，因为它们恰好占据战略要位，而市场也有保留它们的必要；抑或是，它们的幸存是否全凭自己长袖善舞。假定其他条件不变，如果幸存意味着评级机构在特定情况下有运气，那么，随着时间的推移，以及新机构兴起和新环境的演变，应该会萌生一些变化。对事关自己如何能够持续生存的问题，如果评级机构处理得更为积极，它们可能会有一个更光明的未来。

评级机构之所以幸存，我分析有如下两方面原因。评级机构声称要解决金融去中介化资本市场中的信息问题。在这一点上，不管我们认为评级机构如何失败，目前还没有其他机构做得更好。内环境的自我平衡，这一概念可以用来解释评级机构得以继续生存的原因；换而言之，可以理解为在缺乏令人信服的变革理由的情况下，现有系统得以继续维系。

评级机构得以幸存的另一个方面的原因，是它们长期以来的主导地位。尽管三大评级机构为千夫所指，美欧政府也发力开放评级市场，但是自金融危机爆发以来，众多规模较小、知名度较低的机构都没有抢到穆迪、标普和惠誉的一丁点市场份额，而评级透明度也没有任何实质变化。

我认为，三大评级机构持续占据主导位置，反映了一个现实——在资本市场上，有些机构的判断结论就是比其他机构的更有分量。评级制度的固有顽疾，就是过度追捧少数几个老牌机构。并非所有的判断结论都能享有平等的地位，市场份额集中在少数机构手中也并非偶然。高度集中的评级市场反映了评级所提供的“效用”。对于评级，声誉具有排外性。无论政府如何发力放开评级市场，声誉都会让存量机构占据上风，也是初创评级机构绕不开的重大壁垒。[1] 自从安然事件以来，一直无人意识到评级领域认知权威的这种秩序体系，这是信用评级改革政策的一个重大失误。它反映了以市场为中心的思维方式仍在对评级机构的思考领域占据主导地位，但这种思维无法解释评级机构的权力及其持续生存的理由。

共同假设

金融危机之后，人们围绕如何调整评级监管的议题争论不休。我在第二章中讨论了评级机构的监管问题，本章末尾我也将进一步探讨金融危机后的一些热点。考虑到金融危机期间以及之后无数人对评级机构提出了尖锐批评，很多人可能会认为，关于评级机构的社会讨论掺杂了不同的政治利益、相互竞争的监管机构，以及针锋相对的政客，这与其他类型的争论类似。但这种假设是错的，我没有看到以这种方式处理问题的证据。除了评级机构因《多德—弗兰克法案》第 939G 条而“罢工”，导致该条款在 2011 年的《资产支持证券市场稳定法案》被撤销（如第二章所述）之外，关于对评级机构监管或再监管的辩论并没有多少火药味。辩论很文明，甚至是行礼如仪的，其原因有二。第一个原因或许并不那么有趣，即评级机构做的似乎是技术性工作，很少有人能真正理解。这种特质实际上已将大多数人排除在评级机构监管问题的辩论之外，也使得不太关注细节的人难以有效理解问题，辩论也就沦为空谈。第二个原因与人们对评级的心理预设框架有关，这一点在我此前的研究中曾经讨论过，主要涉及我们大家对究竟什么是评级、评级会演变成什么样子的思考有关。[2]由于参与监管辩论的各方人士都严守评级的“正统”思维框架，导致他们只是在预设的狭窄范围内就评级问题展开非常“文明”的辩论。正如我们将在本章后半部分看到的，如果讨论各方对于评级是什么，以及应该是什么的问题的假设完全相同的话，评级这一“谜团”便会无解。

组织市场

2011 年 7 月 27 日，美国众议院监督和调查小组委员会就《多德—弗兰克法案》生效之后的信用评级机构监管问题举行了听证会。[3]小组委员会主席、众议员兰迪·诺伊格鲍尔(Randy Neugebauer)在会议开始时指出,在全球金融危机爆发和《多德—弗兰克法案》生效之后,评级行业的集中度仍然非常之高,98%的评级报告和90%的评级营收掌握在穆迪、标普和惠誉手中。[4]他在开场白中指出,评级机构是“我们经济中非常重要的一部分”。“尽管评级公司在全球金融危机中推波助澜,但许多人仍然非常相信评级。”他同时表示,恢复这个市场的“更强的确定性”,是“极其重要的”。众议员迈克尔·E.卡普阿诺(Michael E. Capuano)随后发言,他表示评级机构“终于做了我们所有人都希望它们做到的事情”。他声称,评级机构现在更可靠、更独立,并且“显著改变了它们的评级模式”[5]。金融服务委员会主席、众议员斯宾塞·巴克斯(Spencer Bachus)指出,《多德—弗兰克法案》第939A条寻求通过将评级从联邦法规中剔除来限制评级机构的作用。但该法的其他条款,如第939F条,可能要求美国证券交易委员会建立一个体系,为发行人的结构融资工具指派评级机构,由此反而加强了评级机构的作用。[6]他接着指出,根据2006年的《信用评级机构改革法案》的规定,美国证交会于2011年5月向新申请人开放美国国家认可统计评级组织(NRSRO)申请,这为评级初创企业立起了一道事关“生死存亡”的新高墙。[7]

这场听证会上的大部分证据,都着眼于替换评级的其他信用信息,而且这些信息的颗粒度(granular)和详细程度还不能亚于评级。[8]但是,即使在监管规则中剔除了评级,也并不意味着评级会从金融市场中消失,因为市场仍然会需要评级。马萨诸塞州的资深众议员卡普阿诺先生质问货币监理署高级副审计长戴维·K.威

尔逊(David K. Wilson):

卡普阿诺先生:是否有在任何地方、任何规定或任何条文,禁止市场参考任何机构授予的信用评级吗?

威尔逊先生:没有。

卡普阿诺先生:所以你是既不能要求他们参考评级,但也不能阻止他们参考评级,是吗?这种说法公平吗?

威尔逊先生:相关要求必须从法规中删除。这并不意味着投资人不能……

卡普阿诺先生:这就是我的意思。无论我们做什么,市场都对信用评级有需求。我认为把评级机构赶出去是件好事,是应行之善。但我不想假装这能了结所有的麻烦。市场仍将寻求信用评级。你认为这种说法公平吗?有人认为这种说法不公平吗?

范德维德先生:这说法似乎很公平。[9]

在听证会的后半程,国会议员与证人讨论了评级的替代方案问题,然而目前似乎别无选择,此时"系统内平衡"开始发挥作用了。

坎塞科先生:你认为政府强制人们使用私人公司给定的信用评级,然后基于这些评级进行资本要求监管,这是一项好的公共政策吗?

威尔逊先生:这是一种"暂时最佳选择"(情况)。我认为这就是巴塞尔委员会的目的。所以这是一个艰难的答案。但在我们找到更好的选择之前,我认为这至少是巴塞尔委员会决定的。

坎塞科先生：除了巴塞尔协议的要求，你有什么观点吗？

威尔逊先生：是的。我认为去除评级很难，因为市面上没有更好的其他选项。

坎塞科先生：好的。

威尔逊先生：只要你需要对风险保持警觉，去除评级就很难。[10]

听证会的第二场会议听取了纽约大学斯特恩商学院经济学教授劳伦斯·J.怀特(Lawrence J. White)的证词。怀特是最敏锐的评级机构学术观察者之一，他在开场白中对加强监管的影响表示担忧，并主张废除《多德—弗兰克法案》中的这些规定：

无论有类似的冲动，还是实际上就想这么做，那些监管条例的倡议者们希望揪住评级机构的衣襟，用力摇晃，大喊道："你们要做得更好些。"

这种要求强化监管的冲动是可以理解的，动机也是良善的，但这种冲动具有误导性，而且可能会造成相当大程度的伤害。如果强化对评级机构的监管，可能会不利于消除评级市场的门槛，造就僵化的特定结构和程序，也阻碍收集和评估信息的新方法、新技术、新方法和新模式的创新(可能包括新的商业模式)，还很可能无法实现改善评级质量的目标。

具有讽刺意味的是，这些强化监管的规定还可能成为大型的信用评级机构的"金钟罩"，从而在未来的债券市场中强化其核心地位和重要性。

那么，我们为什么要这样做？[11]

次年，在伦敦下院财政部特别委员会就（评级）机构举行的听证会上，英国法通投资管理公司（Legal & General Investment Management）信贷研究主管格奥尔格·格罗茨基（Georg Grodzki）向议会议员解释了，为什么他的公司仍然使用评级机构的评级产品。[12]他指出，客户的“风险偏好程度”各不相同，这在他的公司与客户之间的投资管理协议（IMA）中有所体现。格罗茨基说他的公司必须：

> 确保我们遵守（投资管理协议），这有时会迫使我们，在证券降级至某一级别以下时出售某些证券，或者在证券升级时买入一些证券。此外，即使我们自己没有受到直接影响，我们也得预测市场因参考评级而产生的反应。我们需要预测市场对某一评级行为的反应，因为这种反应可能意味着证券价格的变动。当然，我们总是很希望能准确判断每一次的价格变动，这也是为什么我们必须关注它们（评级）。

这一回答引发委员会主席向格罗茨基询问，他是否认为，评级机构的信用分析比法通投资管理公司自己做得更好。

> 事实上，评级机构正在做的工作，即我们通常所称的企业信用评级，公平地说是积极的，因为市场受益于多元化的观点。我们将它们的评级作为我们的参考点。我们将评级公司

作为讨论伙伴，也作为信息来源。因此，市场上评级机构这样的存在定期对信用质量做出判读，会增强市场各方对信用质量的思考。

企业财务官协会的约翰·格劳特(John Grout)解释说，“评级机构为资本市场提供了很多便利。”它们还为我们提供了不同的视角，“不仅仅是评级公司已经公布的那些历史数据”，因为

评级公司很注重分析受评对象公司的政策策略，特别是现在，它们对所评公司的内部风险感兴趣。这部分信息属于非公开性质。可能还有其他事情，但这是非公开的部分，我认为这对评级机构很重要。这些并不是关于今年的盈利情况如何的问题，也许人们是这样认为，但盈利情况之于信用分析师远不如其之于股票分析师那么重要。这样的谈话，通常会让股票分析师们摸不着头脑，因为这是关于公司对长期风险的应对之类的事情。

格劳特接着评论道，20 世纪 70 年代左右，他管理一只价值数亿英镑的基金时，英格兰市面上没有信用评级：“你很难找到一套合理的标准。当时，甚至没有那种可供订阅的信用分析师报告。评级机构的存在，给我们提供了巨大的便利，这种便利对于比我当时所在公司小一些的企业来说，是不能简单地用‘雇佣更多的人或向其他人支付一大笔费用’来替代的。如果你的公司在英国，规模中等，评级是非常有用的。”

格罗茨基试图对这一观点进行进一步阐述，他认为与20世纪70年代相比，如今公司业绩的透明度要高得多，因此，“相对于评级机构的（专有信息）特权，现在市场的信息可得性已经好于30年前了”。然而，他接着指出，如今小投资者若没有评级仍将举步维艰。他还补充说，对一些投资者来说，评级对他们的决策来说足够了，因为他们“判断认为，这些评级对他们来说已经足够好了，所以他们仍然对评级抱有那种或天真或成熟的信任。评级为他们节省了时间”。从这些论述可以看出，市场没有更好的选择，正是内环境自平衡让他们基业长青。

欧洲主权债务危机

2008年金融危机后，欧洲主权债务危机接踵而至。如果此前有人认为，评级机构在全球金融危机之后已无关紧要，那么这种怀疑在欧债危机后已不复存在。[13]我并不主张认为评级对一般意义上的主权信用有重大、直接的影响，也不主张认为评级在欧洲主权债务危机中扮演了特别重要的角色。只是欧洲主权评级危机表明，评级在金融市场中仍然被各方重视，哪怕全球金融危机对评级机构的声誉产生过负面影响。

索菲娅·巴塔（Zsófia Barta）和艾莉森·约翰斯顿（Alison Johnston）为带有党派偏见的主权评级下调，以及由此产生的主权债券市场中存在的“党派歧视”提供了实据。[14]伴随欧洲主权债务危机的出现，有诸多文献从更多更广的视角讨论“主权评级失败”

的观点。在安德烈亚斯·富克斯(Andreas Fuchs)和凯·格林(Kai Gehring)的论述中,主权评级在2007年开始的全球金融危机之后受到了"本土偏见"的影响。[15]与美国的主权评级相比,评级三巨头赋予欧洲国家的主权评级似乎过于严苛。同样,曼弗雷德·格特纳(Manfred Gärtner)和比约恩·格里斯巴赫(Björn Griesbach)认为,评级对利率存在着非线性影响,这种影响,助长了主权债务市场的"自我实现的预言"(或称"多方均衡")。[16]在另一项研究中,曼弗雷德·加特纳、比约恩·格里斯巴赫和弗洛里安·荣格(Florian Jung)(2011年)发现,经济基本面无法解释欧洲主权债务危机期间的主权评级情况。[17]这些评级无论是在同个国家的不同时期比较,抑或是跨国比较中都有差异。

全球金融危机由急入缓后,各国政府财政状况恶化,欧洲大多数国家受到了影响,但对葡萄牙、爱尔兰、意大利、希腊和西班牙(当时称为"欧猪五国"[PIIGS])的打击尤为严重。欧盟为应对纾困重担和税收下降的局面实行了紧缩计划,整个欧盟的政府支出都削减了。[18]图兹(Tooze)对金融危机前欧洲银行大量参与结构融资的现象进行了研究,他还研究了2008年后美联储又是如何与这些机构"狼狈为奸"地降低其头寸。[19]随着欧洲形势恶化,这种"对美国中央银行的关键作用的戏剧性呼唤",还极大地提高了美元的中心地位。[20]

如果说市场信心的崩溃是2007—2009年流动性蒸发的关键,并导致德国资本市场产生了"大冻结",那么危机度过紧急阶段后,信心问题又再次出现,但这一次的信心问题集中在政府财政方面。[21]北欧的银行向欧洲五国的金融机构大量放贷,整个欧元区陷入了危机。图兹提出了一个三层结构：希腊和葡萄牙这两个无力偿债的小国位于最底层，第二层是不得不承担房地产繁荣（和萧条）成本的国家——西班牙和爱尔兰，最上一层是意大利——三层结构中最大的债务国。希腊的遭遇相比于“坚守住这座巨大的金字塔结构”而言，则显得没有那么重要*。阿卜杜勒和布莱思认为，这些国家的主权评级是救了德国，尽管德国银行提供了大量贷款，但这些评级被用作一种“号召工具，以迫使西班牙实行紧缩和改革措施，并不惜一切代价地让希腊人留在欧元区”[22]。在他们看来，评级在欧元主权债务危机中所起的作用很重要，因为它们正如“凯恩斯多年前所说的那样，是将传统判断编纂、固化成‘平均观点’的关键”[23]。图兹将欧洲在主权债务危机中早期的策略，称为“拖延和假装”[24]。

2010 年 4 月，惠誉下调了希腊政府债券的评级，导致希腊国债的收益率飙升至 7.4%——“拖延和假装”策略撞了南墙。在此之后，欧洲的银行间同业拆借规模大幅缩减，导致回购市场出现类似 2008 年的情况。[25]图兹的著作详细讨论了德国国内政治等因素是如何导致希腊问题蔓延到其他国家。[26]标普于 2010 年 6 月将希腊降级为垃圾级，这引发了外界质疑欧元区是否能够处理西班牙和意大利的更大的问题。[27] 2011 年 9 月时，希腊、爱尔兰和葡萄牙——这三个被认为最有可能发生债务违约的国家都位于欧元区。观察家认为它们比白俄罗斯、委内瑞拉和巴基斯坦的情况更糟。[28]随着其评级下调，包括银行在内的机构投资者不得不抛售这

* 暗指希腊或被弃车保帅地牺牲了。——译者注

些国家的债券，这反过来加剧了人们已有的担忧，并导致批量资金来源枯竭。[29]从2011年中起，欧洲出现了对评级机构的主权评级进行审查，或以其他方式进行限制的呼声。[30]最终，欧洲议会和欧盟理事会制定了一些关于主权评级公布日期的规定。[31]露西娅·夸利亚(Lucia Quaglia)指出，这些总部设立在美国的评级机构的评级下调行动，"为欧洲议会内关于设立欧洲评级机构的辩论注入了新的动力"[32]。

从全局的角度来看，2012年的情况到了紧要关头。标普在1月将葡萄牙的评级降级至"垃圾"级别，也下调了法国和奥地利的评级，这两个国家都失去了"AAA"评级。[33]但正是西班牙的问题，使欧元区走出了"拖延和假装"的策略，开始向前发展。2012年6月，穆迪将西班牙评级下调至"Baa3"，仅比垃圾级(或称投机级)高一级。西班牙"显然正在滑向深渊"。正是在这一时刻，银行联盟的建议在欧盟获得了通过，从此对欧洲大陆金融机构的集体责任得以确立。[34]随后一个月的月底，欧洲中央银行(ECB)行长马里奥·德拉吉(Mario Draghi)在伦敦发表讲话，声称欧洲央行已准备好"不惜一切代价保护欧元"[35]。随后，欧洲央行正式明确了其作为最后贷款人的新角色，其方式为"直接货币交易"(Outright Monetary Transactions)，尽管需要满足一定条件。[36]随着这一变化，欧洲央行变得更像美联储了，这也让市场更趋于稳定。[37]有趣的是，尽管各国政府认为评级机构对欧洲国家的评级有时显得很"鲁莽"，但欧洲央行还是将信用评级用作其量化宽松计划的入池依据。[38]

标普下调美国评级

20世纪,美国政府的信誉和美国主权信用评级曾是“至高无上”的。世界各地的金融市场和政治局面爆发动荡时,美国总是资本的避风港。正如保罗·兰利(Paul Langley)所指出的,如今即使是美国,“也被债券评级下调的阴影笼罩着。这种情形被认为会自动导致投资者为持有政府债券而要求提高利息,从而会引发赤字和债务恶化”[39]。因此,2011年8月,标普将美国主权评级从“AAA”下调至“AA+”引起了轩然大波。[40]图兹在解释降级时,提到了标普引用的“政治边缘主义”。[41]巴塞洛缪·波登(Bartholomew Paudyn)将此次降级视为他所称的智者治国——“以知识为基础的专家统治”——与民主之间斗争的一个时刻。[42]丹尼尔·德雷兹纳(Daniel Drezner)认为,这是美国政府和经济的明显胜利,因为这个降级并没有阻止美国政府债券被认购的势头。[43]降级存在争议。伯南克表示:“这一事件凸显了政府和评级机构之间奇怪的关系:政府监管评级机构,但评级机构有权下调政府债务评级。”[44]关于美国政府降级和诉讼的指控和传言持续了多年。[45]降级之后,关于如何确定评级的争议接踵而至,标普被指控“犯了个2万亿美元的错误”*。[46]2012年4月24日,标普在伦敦下院为降级进行辩护。[47]面对是否存在错误的激烈质疑,标普的莫里茨·克雷默

* 美国财政部当时认为标普的计算有2万亿美元的错误。——译者注

(Moritz Kraemer)表示：

> 不，双方都没有犯错误。大家的数字是基于不同的情景。这些是关于未来的措施。你必须就政府可能采取的财政整合策略进行分析性辩论。我们使用的都是国会预算办公室(Congressional Budget Office，CBO)的情景，而不是标普自定的情景。所以问题仅仅是，已经发布的国会预算办公室的各种情景中，哪一种应该成为评级评估的基础。现在，我们确实同意财政部的观点，即这应该是基准情景，这将导致20万亿美元，而不是22万亿美元。所以他们那边没有错误，我们这边也没有错误。

下院委员会对评级调降之后美国国债收益率的下跌表现*感到好奇，并要求克雷默解释这一悖论。克雷默则是把矛头指向投资者的“安全投资转移”策略(flight to quality)，并暗示下调后的美国评级仍然意味着“极小的违约概率”。

该委员会的另一名成员表示，对美国的降级显示出评级机构在展示炫耀自己的肌肉：

> 安德里亚·利德瑟姆(Andrea Leadsom)：赖利先生，评级机构说除非政府对债务上限采取措施，否则它们将失去“AAA”级的地位，这实际上是对政府的一种勒索，这合理吗?

* 通常评级调降被认为会导致债券价格下跌，即债券收益率的上涨。——译者注

信用评级机构如此行事合理吗？

戴维·赖利(David Riley)：如您所言，我认为信用评级机构勒索政府不合理。但我认为，信用评级机构就可能影响信用评级的因素发表意见是合理的。如果这个影响因素指的是，若未能就提高债务上限达成一致意见，就可能会导致偿债出现违约。坦率地说，评级机构如若不就此类事件的可能性及其影响发表自己的意见，则是失职。

安德里亚·利德瑟姆：在全球金融危机刚刚结束后如此敏感的时期，评级机构应该在多大程度上考虑主权债务评级的公共性质？它们有什么样的公共责任来努力维护主权国家的信誉？

戴维·赖利：我认为，我们所有人，包括评级机构，都有责任为每一个市场参与者发挥作用……不是假装这些问题不存在，而是试图以非常及时但也非常透明的方式，用我们的评级来解决这些问题。

竞 争

评级机构在金融危机后仍然能够持续幸存的另一个维度是，相对于其他评级机构，“三大”在市场中长期处于主导地位。自金融危机爆发以来，众多规模较小、知名度较低的机构一直没能抢占头部机构穆迪、标普和惠誉的市场份额。[48]我认为，三大评级机构持续处于支配地位反映了一个现实，即在资本市场中，有些机构的判断比其他机构更受看重。偏好老牌的著名评级机构，似乎是评级系统的一个固有特点。评级市场的高度集中也并非偶然，它反映了评级用户的某种歧视效应。声誉从来不是公平的，也不为所有提供评级服务的机构共有。这是一个排他性的零和游戏。声誉总是利于现有机构，也是初创评级机构面临的重大壁垒。政府开放市场的努力并没有改变这种格局，这些努力都失败了，因为它们并非立足于评级的社会基础视角，也未能认识到评级认知权威的等级结构，最终让改革信用评级的努力无功而返。

信用评级机构的成功，通常在传统思维下被解读为弱竞争的结果。提高竞争似乎可以减少评级行业的缺陷，促进评级"客观性"，这样的观点屡见不鲜。在美国，这种观点至少可以回溯到2006年通过的《信用评级机构改革法案》。在欧盟，许多人认为，"促进信用评级市场上的竞争，引入更多的市场参与者"，是后全球金融危机时代法规的一部分。[49]学术文献不厌其烦地提倡"竞争性环境"，将其作为"实现更好信用评级的手段"。[50]在主流经济思想中，监管的主要目的是，"限制使用垄断力量，防止严重的竞争扭曲"[51]。这种逻辑认为，正是弱竞争格局导致评级机构的分析质量不佳，因为信用评级机构会缺乏对其产品进行再投资的动力。从这个角度来看，监管措施应该着力于提高竞争程度，以更准确的评级带来"更好"的市场结果。

争取一个公平的竞争环境，降低小型评级机构的进入壁垒，并不会自动降低评级失败的概率、提高评级质量。全球评级市场有80多家评级公司，但评级三巨头仍占据着90%以上的市场份额。[52]这表明小型评级机构和三大之间存在某种稳定的平衡。其余的评级公司，要么只在本地运营，要么专门服务小众市场和特定行业。[53]与三大评级机构建立战略联盟或保持一致，有利于小型机构建立声誉度、知名度和信誉度。如此，最大型的信用评级机构也可以巩固其在全球市场的主导地位。这种“双赢局面”进一步强化了评级市场的内部稳定。

评级行业的高度集中格局体现在各个层面，无论是整体市场，还是单个产品类别，包括公司债券、主权债券，以及结构融资产品，皆不例外。[54]市场上普遍存在着对大型信用评级机构的偏好，投资者(发行人亦如此)都认为，与大型信用评级机构相比，小型信用评级机构的评级质量较低。在这样的认知环境下，那些旨在促进竞争和增加较小市场参与者数量的法规并未发挥作用，这一点不足为奇。相反，三大评级机构的寡头垄断，似乎倒成了评级市场的一个固有特点。

评级是对信用质量的集中化判断。根据此定义，该功能只能由少数的评级供应商来实现。如果评级机构存在很多家，那么集中化的、有鉴别力的评级体系就会不复存在。因此，市场准入的声誉性壁垒不仅是竞争程度低的原因，也是过去一个世纪评级体系能够正常运转的一个必要条件。在这些力量的作用下，评级的市场份额呈现出了高度集中现象。

从中我们可以得到一个教训，提供(评级领域的)竞争不会直接引致人们所期望的结果。毕竟，惠誉在21世纪后跻身三大评级机构之列，但并没有使得评级质量变得更好，这一点已是显学。监管机构必须承认，市场准入的声誉性壁垒是评级行业的固有特征，不会简单地随着监管作为而消散。与此相关的是，监管者还应该提防将这些壁垒与现有寡头垄断的推定业绩等同起来。声誉天生具有排他性,不一定是“唯贤唯能”的,也不一定与机构实际表现相关。声誉有维持现状的自然属性,所以,那些认为小评级机构可以通过积累良好的业绩记录赶上三大评级机构的想法,很可能是错误的。[55]

透明度

在评级系统里增加竞争的努力并不成功,还让三大评级机构的优势进一步固化了。正统的市场中心理论对于评级的另一种误解,是关于透明度的。出于类似的原因,那些对于提高评级透明的努力也以失败告终。奥利弗·凯斯勒(O.Kessler)描述的“透明度”话语,至少可以追溯到20世纪90年代末的亚洲金融危机,并一直延续到评级机构监管领域。[56]“提高透明度”一事,即使不是信用评级机构监管领域的唯一主题,也是主要话题之一。提高透明度可以修正评级行业的缺陷,这一观点可以在《国际证监会组织准则》第一版和2006年《信用评级机构改革法》中找到。[57]监管者、政策制定者以及学者都普遍认为,这个行业存在着根本性的透明度缺陷,需要加以修正。鉴于此,独立于监管法规之外,各评级机构都在金融危机后新制定了透明度举措。评级机构拥抱透明度,基本就像在宣誓,自己有从错误中学习的能力和意愿。

让我们来看看一些被认为存在透明度缺陷的领域,出台了什么样的措施,以及最后产生了什么样的影响。2006年的《信用评级机构改革法》，结束了国家认可统计评级组织（NRSRO）制度建立日久但规则不详的状态，首次确立了 NRSRO 的认证标准。[58]在金融危机之后，美国正式批准了 NRSRO 的注册程序，便于候选机构进入市场。同时，注册过程的披露要求也得以强化，以作为某种质量保障机制。[59]在同一时期，欧盟也为信用评级机构引入了注册制。金融危机前，欧洲国家事实上引用了美国证监会的认证模式，而没有建立自己正式的认证程序。那些最大的评级机构总部都设在美国，这一事实也造成了这种“搭美国监管便车”的做法。[60]

过往的评级失败，并不是由于某种“影子”信用评级行业运作于监管雷达之外而造成的，三大评级机构可不是寂寂无名之辈。在这种背景下，实行制度化的登记和认可程序，似乎不太可能成为未来防止评级失败的有效工具。尽管在新规则下，有些新的机构也已成为国家认可统计评级组织，但与三大评级机构相比，这些新晋评级机构并没有取得可观的市场份额。

关于利益冲突，新规旨在减轻利益冲突对评级质量的扭曲。在当前的商业模式下，利益冲突尚无法根除，因此强化评级的“披露”被视为解决利益冲突问题的替代性手段。欧盟采取了更为通用的披露要求，美国则要求根据利益冲突的类型进行详细描述。这些透明度和披露措施，主要涉及个体分析师层面的利益冲突，而批评者也很快就指出，结构性的利益冲突 * 仍然存在。新的透明度要求“对于扭曲评级体系的主要利益冲突来说是一种焦点转移，这里的主要利益冲突指的是，国家认可统计评级组织也必须实现

---

* 即非人员个体层面的。——译者注

收入和收益最大化”[61]。的确，欧盟委员会坚持认为“这些与利益冲突相关的任何要求都不会对（信用评级机构和发行人）产生重大影响，因此不能以‘积极’或‘消极’描述它们”。市场参与者认为，几乎没有证据支持“对披露条款的有效性（对发行人而言）得出任何明确结论”[62]。

提高透明度为什么会有作用呢？使利益冲突更加透明并不意味着这些冲突不复存在。早在金融危机前，评级行业中的利益冲突顽疾便已不是秘密。试图通过提高利益冲突的透明度来提高评级质量，这样的做法昭示了某种对评级失败的理解。评级失败，是评级机构为寻求利润最大化所做出理性寻租行为的必然结果。人们会自然地认为，信用评级机构更想取悦发行人而不是投资人，所以放松评级标准。因此，评级的利益冲突及其后果被视为既定事实。所以说，增加透明度，并不应是旨在消除利益冲突，而是为了减轻利益冲突对评级质量的扭曲程度。这里的隐含逻辑是，对评级机构追求利润最大化的“自然”行为而言，公众的眼光具有一种约束性作用。

然而，如果这种观点掩盖了其他超出“理性选择”范围的导致评级失败的因素，那么以上观点可能是有害的。例如，信用评级机构发布未经债券发行人要求、不收费的主动性主权信用评级，而这些评级也会出现失败的情况*。因此，监管机构应避免将每一个评级问题都视为激励机制和利益冲突的产物。毕竟，透明度并不是万能药。

---

* 即在没有商业利益的影响或是扭曲下的评级失败，则不可被归因为评级机构的“理性选择”。——译者注

在全球金融危机后，提高评级方法的透明度以使评级行动具备可追溯性是一项热门的改革措施，这一点可以在修订后的《信用评级机构基本行为准则》(IOSCO Code)[63]或欧盟立法中有所体现。[64]这类“基于评级流程”方法的支持者们，强调打开评级黑匣子、以提高评级质量和防止评级失败的重要性。例如，基夫(Kiff)、诺瓦克(Nowak)和舒马赫(Schumacher)呼吁：“提高评级过程中所使用的量化参数的透明度。”[65]韦尔纳扎(Vernazza)、尼尔森(Nielsen)和瓦西里奥斯(Vasileios)要求：“分别公布评级的客观性和主观性指标的分解情况、评级委员会的会议记录以及投票记录。”[66]

评级机构本身也在大力披露其评级流程。[67]鉴于信用评级机构在危机期间所面临的严厉批评，一些人将评级机构的披露工作描述为一场“漂亮的公关活动”，旨在重新赢得失去的信任并恢复声誉，哪怕这一切都不会对评级机构的实际业务操作产生任何影响。[68]信用评级机构的这些努力，表明其有意建立自己市场化机构的形象，表明它们致力于解决金融市场中的信息不对称性问题。为了满足这一职责，各评级机构有必要展示出其遵守透明度这一“共同价值”的意愿。如果信用评级机构不尽可能表现出自己的透明度，则将会与对评级的主流理解相冲突，从而会削弱信用评级机构的合法性。

通过提高评级方法的透明度实现评级可追溯性的目标，是一个广泛流传的“理想”。正如努里埃尔·鲁比尼(Nouriel Roubini)倡导的，如果评级变成某种可验证的统计模型和算法的结果，评级的客观性就能得以保证。[69]但这一倡议是基于对评级的某种概率性理解，而这恰恰误解了评级。首先，如第二章所述，评级汇集了偿债意愿和偿债能力的问题。与单纯的计算不同，评级需要对定性和定量成分进行混合考量。其次，评级必然会涉及判断。这些评级判断，并不是不失分毫的，也不能脱离相关的解读而单独存在。它们是社会性的建构存在，需要经过审议程序得以形成。最后，预测未来是一项涉及巨大不确定性的任务。[70]最后，如果评级是可计算、可预测的，那么就不会再有信用评级市场存在。只要评级决策可追溯的理想目标是由一些难以实现的期望所催生出来的，例如试图提高评级的准确性和正确性，并让评级不出错，那么提高评级方法的透明度的努力终将无法提高评级的质量。

结果导向监管方法的拥护者，批评改革过于偏重评级流程。提高评级表现指标（有时被称为违约历史）的透明度是一种结果导向的评级机构监管方法，这种方法自全球金融危机以来越来越受欢迎。欧盟采用了这种方法，欧洲证券及市场管理局（ESMA）还建立了一个“中央数据库，用于发布信用评级机构的评级活动统计数据和评级表现统计数据”[71]。

有效衡量评级表现的前提是，信用评级机构作出的预测与预测标的（社会现实）之间不能够发生交互。这就好比气象学家所做预测的命中率是能有效地代表他（她）的预测能力，因为气象学家无法影响他（她）试图预测的天气。“对信用评级机构的评级表现记录进行的透明化的评估，有助于提高评级质量”，这样的观点，体现了把评级作为一种衡量标准的技术性的（也是错误的）理解。这种理解方法，忽略了评级作为社会事实是表现性的，有能力型塑它们描述的社会现实。[72]评级会影响金融市场参与者的决策，即评级不像“相机”那样“度量”信用风险，而是像“引擎”一样主动驱动它们。[73]例如，如果主权评级下调导致主权国家的国债利率上升，那么这些国家在债券市场上的再融资能力就会恶化，从而进一步提高主权违约概率，成了“自我实现的预言”[74]。评级的顺周期特性，使评级本身成为系统中的不稳定因素。[75]这对监管也有一定的影响。评级对投资者和发行人的此类影响，否定了对评级表现“理应有”的独立度量衡的概念。监管层应用有盲点的新规，正是在缺乏对评级的社会基础理解下监管无功而返的真实写照。监管机构未能成功应对市场反应，这正可谓是“监管的难题”[76]。

这种对信用评级机构的理解，是将其视为借款人和贷款人之间中立的信息中介，它们应该减少金融市场中的信息不对称。这里的基本假设是以市场为中心的，即关于信用风险的知识是客观存在的，而评级机构只需找到、处理并发布这些知识。监管机构的任务是，通过消除由利益冲突或不良行为产生的各种噪音，以确保信用评级机构能够表达这种公正的观点。然而即使绝对的透明度已达成，也改变不了评级是一种判断的事实。

在全球金融危机之后，监管机构除了有增加竞争和透明度的目标之外，还试图减少市场和监管部门对于评级的依赖，以降低评级机构的权威。例如，《多德—弗兰克法案》规定，取消金融市场法规中对评级的引用。[77]在二十国集团（G20）的授权下，金融稳定委员会（Financial Stability Board，FSB）启动了一项降低对信用评级机构评级结果依赖的举措。[78]同样，在学术文献中，“撤销基于评级的监管”和放弃信用评级机构的准监管地位，被视为评级行业成功改革的必要条件。[79]

在危机时期，过度地依赖评级，可能会导致因评级下调而被迫抛售债券。信用评级机构的评论、公告、评级展望调整，以及实际评级等级调整，所有这些使得市场参与者的信用认知产生同质化，造成羊群效应行为。在最坏的情况下，他们几乎会一起“掉下悬崖”。随着顺周期性的增加，评级自己成为一种系统性风险因素。[80]因此这一论点认为，如果在微观审慎监管中减少了对信用评级机构评级结果的依赖，评级行动的影响将会减轻，羊群效应行为的可能性也将会降低。

监管者需要放弃监管条例中对评级的硬性规定，并减少市场对它们的依赖。但要做到这一点困难重重。证据表明，外界对信用评级机构的依赖仍然存在。[81]如前所述，当巴塞尔银行监管委员会提出其《巴塞尔协议Ⅳ》建议——将评级从监管中剔除时，遭到了来自市场代表的强烈反对。[82]埃里克·赫利纳(Eric Helliner)将“危机后国际金融监管改革的内容”(包括适用于评级机构的内容)描述为“相当之温和”，并指出“只是对危机前国际金融准则对市场友好的本质微调”了一下而已。[83]

对于金融稳定委员会的监管“滑铁卢”，一种解释是替换评级存在现实困难。评级替代品似乎存在[84]，但是鼓励使用这些替代品(包括促进投资者自己进行尽职调查)似乎忽略了一点，即去中介化金融市场中之所以对评级存在需求，固有其深意。在去中介化的市场上，银行作为金融中介中的传统角色已经消失，市场需要在拥有资金的人和寻求资金的人之间存在一个扮演判断性角色的中介。那些旨在改变信用评级机构现状的监管努力，不能无视金融去中介化背景下评级所具有的这些固有特征，否则将很难取得成效。有些评级机构的判断比其他机构判断更重要，这里仍然存在着内环境自平衡。

那些拥护监管许可假说的人士经常忽视的是，在国家监管者、监督者和中央银行使用评级之前，市场上就存在着对评级的使用。同样，随着《信用评级机构改革法》的通过，在美国证交会注册的具有“资质”的美国国家认可统计评级组织（NRSRO）的数量从 3 家增加到大约 10 家，但市场上寡头垄断在很大程度上依然如旧。[85] 将信用风险监管外包给评级机构，无疑增强了信用评级机构的权威。然而，如果信用评级机构权威的根源并不在于其监管许可，那么即使在实操上成功地减少了监管部门对评级的依赖，也不会终结评级机构的权威。

这件事胜败只在毫厘之间。但与大多数人的预期不同，评级机构的声誉非但没有出现无可挽回的伤害，它们更是在危急存亡之秋后得以幸存，并成功地保全了它们的认知权威地位。评级机构仍然是资本市场的一种关键的社会性事实存在。在欧洲主权债务危机和美国评级跌落神坛等实践中，评级机构再次展示了其绵长的重要性。评级机构得以幸存的另一方面原因，是通过监管以着力于增加竞争、提高透明度的努力，尽管这些监管行为的原意恰恰相反。当然，监管的范围和力度已经有所增加，但成本由信用评级机构、使用评级服务的各方，以及为监管机构提供资金的纳税人共同承担。评级监管底层的主流认知并没有变化。这种将评级视为毫不含糊的指标、私人物品以及独立且中立的第三方意见的认知，首先，会导致监管评级机构的努力失败，其次，会导致监管机构不愿干预评级分析或寻求其他更大规模的改变，尽管监管机构已公开表了决心。

评级不是“客观存在”而是静待被发掘的重要事实。生产评级结果的信用评级机构是一种社会建制，其为信用质量提供了一种或然的、集中化的解读。既然市场接受这些评级结果是因为某些信用评级机构被认为具有权威性（而其他评级机构则不具有权威性），那么评级就是作为社会事实存在的——即外界的共同解读。评级是一种判断，是一种权威性意见的表达，是一种公共利益，也是去中介化金融市场的固有特征。这些结论要求我们摒弃市场中心法下的评级理解，接受本书中倡导的社会基础性的评级认知。

注 释

1. Mennillo and Sinclair, “A Hard Nut to Crack,” 270.
2. Sinclair, *The New Masters of Capital*, 69—70.
3. “Oversight of the Credit Rating Agencies Post-Dodd-Frank,”美国众议院金融服务委员会监督和调查小组委员会，2011 年 7 月 27 日，https://www.govinfo.gov/content/pkg/CHRG-112hhrg67946/pdf/CHRG-112hhrg67946.pdf，访问时间：2019 年 8 月 28 日。
4. Neugebauer, “Oversight of the Credit Rating Agencies,” 2.
5. Capuano, “Oversight of the Credit Rating Agencies,” 3.
6. 一个从未实现的系统。
7. Bachus, “Oversight of the Credit Rating Agencies,” 3.
8. “Oversight of the Credit Rating Agencies.”见第 12 页底部和第 23 页中间的注释。
9. Bachus, “Oversight of the Credit Rating Agencies,” 20.
10. Bachus, 24.
11. White, “Oversight of the Credit Rating Agencies,” 37.关于监管的困境，请参见 Anil Hira, Norbert Gaillard, and Theodore H. Cohn, eds., *The Failure of Financial Regulation: Why a Major Crisis Could Happen Again* (Cham, Switzerland: Palgrave Macmillan/Springer Nature Switzerland, 2019)。
12. 以下引文来自财政委员会的口头证据，《对信用评级机构的调查》，下院，2012 年 2 月 29

日。这是未更正的记录稿(没有更正的记录稿)。可在以下位置获得 https://publications.parliament.uk/pa/cm201012/cmselect/cmtreasy/uc1866-i/uc186601.htm,访问时间:2019年9月5日(未分页)。

13. 关于主权评级,请参见 Norbert Gaillard, *A Century of Sovereign Ratings* (New York: Springer, 2012), and Norbert Gaillard, *Country Risk: The Bane of Foreign Investors* (New York: Springer, 2020)。有关更多概念性解释,请参见 Bartholomew Paudyn, *Credit Ratings and Sovereign Debt: The Political Economy of Creditworthiness through Risk and Uncertainty* (London: Palgrave Macmillan, 2014)。另见 Marion Fourcade, "State Metrology: The Rating of Sovereigns and the Judgment of Nations," in *The Many Hands of the State: Theorizing Political Authority and Social Control*, ed. Kimberly J. Morgan and Ann Shola Orloff (New York: Cambridge University Press, 2017)。

14. Z. Barta and A. Johnston, "Rating Politics? Partisan Discrimination in Credit Ratings in Developed Economies," *Comparative Political Studies* 51, no.5(2018):587—620.这一段是基于门尼洛(Mennillo)和辛克莱(Sinclair)的"A Hard Nut to Crack"。

15. A. Fuchs and K. Gehring, "The Home Bias in Sovereign Ratings," *Journal of the European Economic Association* 15, no.6(2017):1386—1423.

16. M. Gärtner and B. Griesbach, "Rating Agencies, Self-Fulfilling Prophecy and Multiple Equilibria? An Empirical Model of the European Sovereign Debt Crisis, 2009—2011," Economics Working Paper Series, No.1215(University of St. Gallen, School of Economics and Political Science, 2012).

17. M. Gärtner, B. Griesbach, and F. Jung, "PIGS or Lambs? The European Sovereign Debt Crisis and the Role of Rating Agencies," *International Advances in Economic Research* 17, no.3(2011):288—299.

18. 关于作为危机应对措施的紧缩,特别是第三章,请参见 Mark Blyth, *Austerity: The History of a Dangerous Idea* (New York: Oxford University Press, 2013)。关于紧缩和城市政治,特别是在底特律,请参见 Sarah Phinney, "Detroit's Municipal Bankruptcy: Racialised Geographies of Austerity," *New Political Economy* 23, no.5(2018):609—626。另见 Tooze, Crashed, 287。

19. Tooze, 210.

20. Tooze, 219.

21. 关于这一重大冻结,请参见 Randall Germain, *Global Politics and Financial Governance* (London: Palgrave Macmillan, 2010), 79;有关财政问题,请参见 Tooze, 290。

22. Abdelal and Blyth, "Just Who Put You in Charge?," 53.

23. Abdelal and Blyth, 53.

24. Tooze, *Crashed*, 328.

25. Tooze, 339.

26. Tooze, 345.

27. Tooze, 385.

28. Tooze, 387.

29. Tooze, 387.

30. Ian Traynor, "EU Declares War on Agencies as Ireland's Rating Gets Junk Status," *The Guardian*, July 13, 2011, https://www.theguardian.com/business/2011/jul/12/eu-war-on-credit-ratings-agencies,访问时间:2011 年 7 月 13 日。Holman W. Jenkins Jr., "Who Elected the Rating Agencies?," *Wall Street Journal*, July 27, 2011. "The Road to Self-Deception," *The Economist*, November 12, 2011, 83. Also see Nicolas Véron, *Rate Expectations: What Can and Cannot Be Done about Rating Agencies*, Bruegel Policy Contribution, Issue 2011/14, October 2011.

31. Regulation(EU) no.462/2013 of the European Parliament and of the Council of 21 May 2013 amending Regulation(EC) no.1060/2009 on credit rating agencies.见第 40 条。

32. Quaglia, "Regulatory Response of the European Union," 181.没有设立这样的机构。

33. Tooze, *Crashed*, 421.

34. Tooze, 436.标普下调了西班牙的评级。

35. Draghi,引用于 Tooze, 438。

36. Tooze, 441.

37. Tooze, 444.

38. Tooze, 536; Paudyn, *Credit Ratings and Sovereign Debt*, 3.

39. Paul Langley, *Liquidity Lost: The Governance of the Global Financial Crisis*(Oxford: Oxford University Press, 2015), 158.

40. Paudyn, *Credit Ratings and Sovereign Debt*, 3.

41. Tooze, *Crashed*, 392.

42. Paudyn, *Credit Ratings and Sovereign Debt*, 2.

43. Daniel Drezner, *The System Worked: How the World Stopped Another Great Depression*(New York: Oxford University Press, 2014), 125.

44. Ben S. Bernanke, *The Courage to Act: A Memoir of a Crisis and its Aftermath*(New York: Norton, 2015), 511.伯南克的评论意味着对机构的监管比以往任何时候都更有意义。

45. Bradley Hope and Damian Paletta, "S&P Chief Says Geithner Warned about U.S. Downgrade: Treasury Secretary Allegedly Said Firm Would Be Held Accountable," *Wall Street Journal*, January 21, 2014, https://www.wsj.com/articles/geithner-warned-sampp-about-

us-downgrade-legal-filing-1390323921，访问时间：2019 年 10 月 8 日。

46. 关于美国前财长盖特纳对“错误”的看法，见 Timothy F. Geithner, *Stress Test: Reflections on Financial Crises* (New York: Random House, 2014), 471—472。

47. 以下引文来自财政委员会的口头证据，“对信用评级机构的调查”，下院，2012 年 4 月 24 日。这是未更正的记录稿(没有更正的记录稿)。可在以下位置获得 https://publications.parliament.uk/pa/cm201012/cmselect/cmtreasy/uc1866-iii/uc186601.htm，访问时间：2019 年 9 月 5 日(未分页)。为纠正错误，已将十亿改为万亿。

48. 本节和下一节基于门尼洛和辛克莱的“A Hard Nut to Crack,” 269—275。

49. European Commission, “New Rules on Credit Rating Agencies(CRAs) Enter into Force—Frequently Asked Questions,” 2013, http://europa.eu/rapid/press-release_MEMO-13-571_en.htm，访问时间：2018 年 3 月 21 日。

50. A. Darbellay, *Regulating Credit Rating Agencies* (Cheltenham: Edward Elgar, 2013); F. Amtenbrink and K. Heine, “Regulating Credit Rating Agencies in the European Union: Lessons from Behavioural Science,” *Dovenschmidt Quarterly* 2, no.1(2013):2—15.

51. M. Brunnermeier et al., *The Fundamental Principles of Financial Regulation*, Geneva Reports on the World Economy, International Center for Monetary and Banking Studies, 2009.

52. G. Mattarocci, *The Independence of Credit Rating Agencies: How Business Models and Regulators Interact* (Oxford: Elsevier Academic Press, 2014), 121.

53. J.G. Coffee Jr., “Ratings Reform: The Good, the Bad, and the Ugly,” *Harvard Business Law Review* 1(2011):231—278. 另见 J.G. Coffee Jr., *Gatekeepers: The Professions and Corporate Governance* (New York: Oxford University Press, 2006), chap. 8。

54. European Commission, *Study on the State of the Credit Rating Market Final Report—Executive Summary*, 2016, 5, https://ec.europa.eu/info/system/files/state-of-credit-rating-market-study-01012016_en.pdf，访问时间：2018 年 3 月 21 日。

55. European Commission, *Study on the State of the Credit Rating Market Final Report*, 8.

56. O. Kessler, “The Failure of Failure: On Constructivism, the Limits of Critique, and the Socio-political Economy of Economics,” *Millennium: Journal of International Studies* 44, no.3(2016):348—369。另见 O. Kessler, “Towards an Economic Sociology of the Subprime Crisis,” *Economic Sociology_The European Electronic Newsletter* 10, no.2(March 2009):11—16, http://econsoc.mpifg.de/archive/econ_soc_10-2.pdf，访问时间：2019 年 10 月 22 日。

57. International Organisation of Securities Commissions, *Code of Conduct Fundamentals for Credit Rating Agencies*, 2004, 3, http://www.iosco.org/library/pubdocs/pdf/IOSCOPD180.pdf，访问时间：2018 年 3 月 21 日。

58. C. Brummer and R. Loko, “The New Politics of Transatlantic Credit Rating Agency Regu-

lation," in *Transnational Financial Regulation after the Crisis*, ed. T. Porter(London: Routledge, 2014), 160.另见 C. Brummer, *Soft Law and the Global Financial System: Rule-Making in the 21st Century*(New York: Cambridge University Press, 2012), 210—265; T. J. Sinclair, "Global Financial Crises," in *Issues in 21st Century World Politics*, 2nd ed., ed. M. Beeson and N. Bisley(London: Palgrave Macmillan, 2013), 88。

59. S. Hiss and S. Nagel, "Credit Rating Agencies," in *Europe and the Governance of Global Finance*, ed. D. Mügge(Oxford: Oxford University Press, 2014), 140.

60. Sinclair, "Global Financial Crises," 88.

61. N.J. Gaillard and W.J. Harrington, "Efficient, Commonsense Actions to Foster Accurate Credit Ratings," *Capital Markets Law Journal* 11, no.1(2016):52.

62. European Commission, *Study on the State of the Credit Rating Market Final Report—Executive Summary*, 9.

63. International Organisation of Securities Commissions, *IOSCO Issues Final Code of Conduct Fundamentals for Credit Rating Agencies*, 2015, https://www.iosco.org/news/pdf/IOSCONEWS375.pdf,访问时间:2015 年 7 月 30 日。

64. 参见 recital 42 and Section E, Annex 1, Transparency Report, par. 3 in Regulation(EC) no.1060/2009 of the European Parliament and of the Council of 16 September 2009 on credit rating agencies。

65. J. Kiff, S. Nowak, and L. B. Schumacher, "Are Rating Agencies Powerful? An Investigation into the Impact and Accuracy of Sovereign Ratings," IMF Working Papers, 12/23(Washington, DC: IMF, 2012).

66. D. Vernazza, E. Nielsen, and G. Vasileios, "The Damaging Bias of Sovereign Ratings," *UniCredit Global Themes Series*, no.21(March 26, 2014).

67. 例如,穆迪于 2013 年 9 月更新了其主权评级方法"The changes include more detail on how Moody's thinks about economic, institutional and fiscal strength, as well as vulnerability to shocks such as banking and foreign-exchange crises that could increase the risk of default." V. Batchelor and K. Nicholas, "Moody's Alters Sovereign Rating Method to Better Assess Risk," http://www.bloomberg.com/news/articles/2013-09-13/moodys-revises-sovereign-rating-method-to-better-assess-risk,访问时间:2015 年 7 月 21 日。

68. Blodget, "Moody's Analyst Breaks Silence."

69. Roubini, "Rating Agencies Still Matter."另见 Nouriel Roubini and Stephen Mihm, *Crisis Economics: A Crash Course in the Future of Finance*(New York: Penguin, 2010)。

70. 正如阿卜杜勒和布莱思所建议的那样,这些机构参与了一个"将不确定性描述为风险"的过程,这"可能是虚构的",但却是"必要的"。Abdelal and Blyth, "Just Who Put You in

Charge?," 54.这些机构提供了"在不确定的世界中的确定性估计",使结构融资等金融创新成为可能。Abdelal and Blyth, 56.关于这种动态,以及自20世纪80年代以来它如何改变了金融,请参见 Alexandra Ouroussoff, *Wall Street at War: The Secret Struggle for the Global Economy*(Cambridge: Polity, 2010)。

71. European Securities and Markets Authority, 2011.关于可信度增强的信誉机制(CEREP),请参见 ESMA/2011/408。

72. Hiss and Rona-Tas, "The Role of Ratings in the Subprime Mortgage Crisis," 115—155.

73. D. MacKenzie, *An Engine, Not a Camera*(Cambridge, MA: MIT Press, 2006).

74. Gärtner and Griesbach, "Rating Agencies, Self-Fulfilling Prophecy and Multiple Equilibria?"

75. A. Sy, "The Systemic Regulation of Credit Rating Agencies and Rated Markets," IMF Working Papers, 09/129(Washington, DC: IMF, 2009); B. Paudyn, "Credit Rating Agencies and the Sovereign Debt Crisis: Performing the Politics of Creditworthiness through Risk and Uncertainty," *Review of International Political Economy* 20, no.4(2013): 788—818.

76. B. Stellinga and D. Mügge, "The Regulator's Conundrum: How Market Reflexivity Limits Fundamental Financial Reform," *Review of International Political Economy* 24, no.3(2017): 3.另见 Stellinga, "Why Performativity Limits Credit Rating Reform," 20—41。

77. 见 Sec.939—939A in Dodd-Frank, July 21, 2010。

78. Financial Stability Board, *Principles for Reducing Reliance on CRA Ratings*, 2010.

79. Darbellay, *Regulating Credit Rating Agencies*, 9.

80. Sy, "The Systemic Regulation of Credit Rating Agencies"; Paudyn, "Credit Rating Agencies and the Sovereign Debt Crisis."

81. Financial Stability Board, *Thematic Review on FSB Principles for Reducing Reliance on CRA Ratings*, Peer Review Report, 2014, 2.

82. S. Verma, *Bank Regulation: "Basel IV" Sparks Banker Fury*(London: Euromoney, 2015).

83. Eric Helleiner, *The Status Quo Crisis: Global Financial Governance after the 2008 Meltdown* (New York: Oxford University Press, 2014), 12. 另请参见第123页。

84. 信用评级公司评级的替代方案有,例如,金融机构的内部评级、市场隐含评级、基于会计的措施、经济合作与发展组织国家风险分类(针对主权评级)或中央信用登记(针对公司)。更多详情,请参见 European Commission(2015) Study on the Feasibility of Alternatives to Credit Ratings, Executive Summary, 4—6。

85. 美国证券交易委员会网站,https://www.sec.gov/ocr/ocr-current-nrsros.html,访问时间:2017年9月4日。

7 补遗：便利的恶棍与万能替罪羊

法国总统尼古拉·萨科齐(Nicolas Sarkozy)建议汉克(美国财政部长保尔森)找个“便利的恶棍”，转移不可避免爆发的众怒。他建议让那些给劣质证券打上“AAA”评级的评级机构当替罪羊。萨科齐调侃道：“你只需要个简单的故事，而且我知道你可不想责怪银行家”。

——伯南克、盖特纳和保尔森，《救火：金融危机及其教训》，2019 年

评级机构一直是金融危机的万能替罪羊。它们责任重大……但这种近乎无他的关注，掩盖了深嵌于金融系统的真实问题。大型银行、会计师事务所、金融律师事务所、投资公司、监管机构、金融媒体……评级机构允许外界如此责怪它们，其实是对评级从业人员的一种伤害。评级机构这样做，相当于保护了其他参与方，而这种安排当然为被保护方所乐见。与此同时，评级机构的人会说：“怪我们就好，我们已经习

惯了。”

——威廉·J.哈灵顿，穆迪前员工，

《卫报》，2012年12月17日

激发我写这本书的一个更大谜团是——对于2008年的全球金融危机，解释危机的成因已经从关注金融本身转向了“金融以外的”机构，比如政府机构，或是企业性质的服务提供商，而评级机构当然是首当其冲的。我的第三个论点，或称为补充性论点，是关于金融危机的外生性论述的持久生命力。这一论点范围非常宽泛，所以我以本章《补遗》阐述。我的论点是，政治家、监管机构、专家、金融或非金融媒体的评论，都旨在抓出坏人、恶棍。正如在评级机构与金融危机身上见到的，类似全球金融危机如此复杂、大型的失败事件而言，认定坏人是具有情绪纾解作用的。聚焦了坏人，就为公众和业界的愤怒提供了一种“排解”渠道。当然，在提出这一论点时，我无意暗示“评级机构无可指摘”。

例如金融创新这样影响深远的历史进程，无疑对大多数人而言难以达地知根；而金融创新本身也可能表明了金融市场自身存在问题。我认为，如此寻找坏人及作用有限的“创可贴”式的解决方案的做法，最好的解释是，这种做法旨在减少由金融失败引起的、对更广泛金融体系的连贯性和合法性等集体信念可能造成的损害。纾解性叙事专注金融体系外的机构，并重点关注具体失败事项，其具有目标“具体且明确”的优点。这种将金融危机归因于外部的或外源性事物的视角，强化了这样一种观点：金融本身不是问题的观点；而有问题的只是那些与金融互动的人类机构，例如政府或评级机构。

戴黑帽子的坏蛋

全球性金融的政治格局似乎不同于其他行业。[1]在贸易行业中，对于谁从国际合作中得到了什么，答案十分明确。但对许多人来说，掌握全球性金融中的政治不确定性则更具挑战。金融市场参与者往往自说自话，使用行业特定术语，而与贸易术语不同的是，金融行业缺乏像石油桶数或猪腩肉等有形标的物。考虑这一点，以及大多数观察者不愿将金融危机视为一种社会或政治现象，就解释了为什么金融危机往往会催生一种神秘文化——内核总是有个坏蛋，压低黑色帽檐；所有问题都可方便地归咎于他。[2]

坏蛋必须有一定重量级，才能被认真对待。2008 年 3 月，美国财政部长亨利・保尔森在提交总统金融市场工作组的政策声明时明确表示，在当前的市场动荡中，官员、政治家及其顾问都认为，信用评级机构"在金融市场中发挥着重要作用"，而评级机构的工作必须改进，以因应对结构性证券等复杂金融工具进行评级时所面临的明确挑战。[3]

在后布雷顿森林体系时代的国际资本流动中，市场的波动性越来越大，造成了评级机构与政府之间出现了关系危机，政府试图监控评级机构的表现并刺激其推进程序性改革。这种关系危机加剧了对次贷融资中评级机构表现的"道德恐慌"——这种恐慌在专业人士层面尚显平静，但是随着媒体对危机的报道，情况变得越来越喧嚣。[4]但在寻求对评级体系进行改革时，决策者需要理解评级的局限性。对评级机构的期望，往往建立于对资本市场运作的市场中心理性主义或机械式理解，或对金融危机成因的外生性理解。这种世界观之下的一种隐含认知是：一个“正确的评级”是可得的，而找到这个“正确的评级”是一个技术性工作。但是，对市场和金融危机提出更准确的社会（和动态的）性视角，是建立有效评级所面临的更严峻的挑战。

历史表明金融危机总是突如其来的。典型的情况是，金融危机在长期的自信之后接踵而至，正所谓“骄兵必败”。似乎业内人士都无法参透前后反转，更不用说普罗大众了。通常每次危机后，大众都要努力找出恶人，通常还要多找几个，让这些恶人担责。20世纪30年代的大萧条奠定了衡量危机的基准，而“找恶人”的套路剧情在大萧条时就屡见不鲜。大萧条顶峰时，四分之一的美国工人失业。[5]纽约证券交易所则是一直到20世纪50年代初才恢复到1929年夏季的水平。也就是说，在1929年10月崩盘后，股市花了近四分之一个世纪的时间才恢复。[6]大萧条时代的主要大恶人，正是那些贪得无厌、肆无忌惮的银行家。

然而，金融危机并非始于20世纪。17世纪30年代，荷兰出现了“郁金香狂热”，郁金香球茎的价值巨幅攀升——通常被视为历史上的第一次繁荣和萧条周期。当时，郁金香是从东地中海地区进口的异国花植。郁金香球茎的“全民狂热”导致了价格暴涨，每只球茎的价值相当于现在的5万美元，甚至更多。市场崩盘降临时，泡沫“不是无声蒸发的，而是爆破的”；许多人把毕生积蓄都投资了郁金香，顷刻间一无所有。[7]随之荷兰发生了规模违约事件，自1637年后，荷兰整个国家深陷经济萧条数年。[8]时间回到1907年，一家信托公司破产后，发生了金融恐慌；而这家公司正是华尔街狂热投机的中心。[9]摩根大通是当时世界上最著名、最有实力的金融机构，以其为首的大型银行之间采取了合作措施，避免了一场浩劫。

大萧条和第二次世界大战后，布雷顿森林体系得以创立，其目的是为全球金融体系建立更好的秩序。布雷顿森林体系既是一个政治框架，也是一个金融框架，其目的是避免各个国家内部迅速而令人不安的经济调整。布雷顿森林体系希望避免催生了第二次世界大战的经济问题再次发生；有人担心一旦重蹈覆辙，苏维埃共产主义体制就会得到更多支持。虽然布雷顿森林体系意在避免金融危机和随之而来的政治冲突，不过即使有美国的援助，布雷顿森林体系的各个机构的资源相对有限。由于贸易保护主义泛滥，各国的国际收支经常出现巨额盈余或赤字。这导致了各国采取的平衡国际收支的措施都是在恐慌中制定的，从而加剧了与其他国家的紧张关系。

在1970年后的15年里，布雷顿森林体系、固定汇率和资本管制仍逐渐被发达国家放弃；反而欧盟试图在内部建立汇率稳定。一个新局面随之应运而生：浮动汇率越发成为发达国家的标配，资本可以在世界各地自由流动，追逐那些最高回报的来源。尽管浮动汇率制度应将一个国家不断变化的经济状况（实际利率、通货膨胀、利润率、监管、政治稳定）迅速反映在币值上，但事实证明，浮动汇率制度并不完美。整个20世纪80年代的主旋律都是此起彼伏的货币危机，日元等主要货币升值，给它们的贸易伙伴带来了麻烦。而最富戏剧性的，也许是 1992 年的汇率机制（Exchange Rate Mechanism，ERM）危机，包括乔治·索罗斯（George Soros）在内的货币交易商纷纷押注，标的是英国政府是否有能力将英镑留在欧洲汇率机制之内。在这场危机中，英国政府不得不放弃捍卫英镑，导致英镑大幅贬值并被踢出汇率机制。对此，一些人将这场危机归咎于索罗斯。

1997—1998 年的亚洲金融危机正值亚洲繁荣顶峰，事后总结，是短期贷款过度以及与美元挂钩的汇率政策导致了危机，后者也正是阿根廷 2001 年危机的原因。与 17 世纪 30 年代的荷兰一样，亚洲金融危机导致部分国家的经济萧条，特别是印度尼西亚的基础食品价格和生存成本急剧上涨。与全球金融危机一样，亚洲金融危机也引发了对监管松懈、欺诈、腐败和“权贵资本主义”的批评。尽管受到西方的猛烈批评，马来西亚再次引入资本管制，且一直延续到市场恐慌缓解。鉴于这场危机的区域属性，指责和推责的政治游戏愈演愈烈，导致了政治两极化和一些痛苦的遗留问题。随着亚洲危机的爆发，可以很明显看出，一个平稳运行的金融体系只是理想，远非现实。然而正如以前的金融危机一样，改革和平抑波动的动力也会随着时间而淡出。

内生性还是外源性?

我们如何理解金融危机的成因，影响了我们认定谁该为金融危机背责。根据学术和政治领域的主要理论，我们可以甄别出两种主要的危机理解方式。第一种理解方式是我所说的金融危机的外源性归因法，三十多年来一直主导着金融领域相关的经济思想。这种理解方式默认市场有效，而金融危机是对市场正常状态的一种“偏离”。这种方法还侧重经济危机的“外部”原因，特别是政府政策，这些政策往往被认为对金融危机起着煽动的作用。根据此假设，则一定存在着一个市场以外的“罪魁祸首”。最近还有一个研究方向区分了人和市场的失败，同时指出，分析师对基本问题的看法是一致的，即认为前者的“人”是危机发生的原因，而不是后者的“市场”。[10]因此，对于那些持外源性观点的思想家来说，市场本身不是问题。评级机构，尽管它们对于金融来说属于内部机构，但却被视为“金融”之外的机构，从而便于指摘。

正如我们看到的，金融危机外源性观点假设：遵循有效市场假说，市场参与者根据市场外部的信息变动而不断调整行为，比如买入或卖出债券和股票等金融工具。在这种思维下，所谓“泡沫经济”就不会存在。“泡沫经济”通常是指房屋、股票和石油期货等资产的价格偏离真实价值，膨胀到一个失真的高位。这种理论认为，没有所谓“真正的价值”，只有市场愿意交易的价格。

相比之下，内生性观点则认为，金融危机始于金融本身。可能到目前为止最直观的例证就是凯恩斯“小报选美比赛”的比喻，充分说明了这种对金融和金融危机的内生性的、基于社会环境的理解的重要性。[11]乔治・库珀（George Cooper）认为，对市场及其平衡趋向性的传统假设，不适用于房屋、艺术品等资产以及股票、债券和衍生品等金融工具。[12]在商品市场上，扩大供应或提高价格可以应对需求扩大的问题。但是，资产却不适用这个简单的经济学逻辑。相反，随着资产价格的提高，对资产的需求往往还会出现增长。凯恩斯认定的、乔治·阿克洛夫和罗伯特·席勒讨论的“动物精神”，并不会给资产市场带来稳定，这一点与商品市场的情形完全不同。在均衡缺失的情况下，市场对金融资产或房屋的热情可以无限扩张，这便产生了所谓“泡沫”经济。

结构融资中使用的主流计算技术，是引发金融危机的关键因素。而这些计算技术非但没有否定结构融资的金融创新性，反而被结构融资的支持者利用，声称是计算技术错了，而非结构融资。沃森(Watson)将重点放在了李氏高斯连接函数上，认为这个函数“没有真正的经济内涵”；因此，用上面的术语来说，这种论述有转向外源性方法的苗头，或者是他所说的“明显不经济的经济学”[13]。沃森强调的观点是，只要把计算技术搞好，把数字搞好，把评级机构搞好，一切都可以恢复正常。

评级失败的观感

与此前的安然丑闻一样，全球金融危机也是各个主要评级机构的创伤。一百多年来，穆迪、标普和惠誉，一直在努力营造自己公正不阿的声誉。有时，人们会把自己的判断权交给某个机构或某个团体，不过“让权”往往很脆弱，就像某种风尚或时尚主导权。[14]或者基本仅是对外姿态而已。而时代背景和评级机构的长青基业，都巩固了它们的小众权威地位，甚至强于大多数其他非国有机构。正是评级机构在资本市场中的地位，为它们提供了可观的资源。三大评级机构的声誉，是通过一系列综合因素长期构建而成的，其中包括：以可靠的方式提供信息来满足买卖双方之间存在的需求，并由此形成某种认识权威性。即使某些个人对评级机构有所怀疑，他们也无法认为其他人同样存疑。那么也因此，持怀疑态度的人们也有动机以此为假设基础来行事，认为其他人会将评级机构（的观点）作为基准，这就是瑟尔（Searle）所称的社会性事实。

鉴于评级机构的声誉资产并非自然形成，而是刻意构建而成；那么这些声誉资产的解构或降级问题就很重要了。如果发生金融危机等重大事件，而人们普遍认为在这些事件中评级机构犯了错误，那么，与任何其他机构一样，评级机构将系统性地失去权威性和权力，进而引发对它们的信心危机，正如安然公司事件中的安达信的情况一般。对评级表现近乎持续不断的关注，比如评级机构业务的质量好坏，是一种正常现象。报纸、杂志和网站，每天都在讨论着评级机构的表现。斯坦利·科恩（Stanley Cohen）认为，在安然公司倒闭以及全球金融危机期间，这种讨论变得非常“大声”。

与战争和饥荒不同的是，全球金融危机以及其成因似乎让富裕国家的执政精英手足无措。随着问题逐步浮现，危机及其引发的深度衰退引发了沮丧情绪，而随着危机逐渐暴露，尤其是2008年9月投资银行雷曼兄弟（Lehman Brothers）破产后，沮丧情绪变成了恐慌。对于资产证券化的“病理学分析”观点认为，资产证券化导致了抵押贷款发起人与金融市场中创造和交易债券和衍生品的人群之间关系破裂，而这些债券和衍生品正是汇聚了抵押贷款的现金流。由于金融市场参与者与个人贷款者的实际信用风险距离遥远，再加上评级机构对他们的“误导”，导致他们低估了资产的风险。这意味着金融系统已充斥着“有毒资产”，而在2007年夏天，随着次级抵押贷款借款人的违约率不断上升，市场已充分认识到了风险，于是恐慌随即开始出现。接踵而至的，是主要金融机构的崩盘、全球各国政府纷纷入场干预进行救市，以及之后的经济衰退。

但是，样板化的叙事只是复述了对金融危机的外源性分析方法；它认为金融危机之所以发生，是因为有人没有做好本职工作，或是对金融进行了无能的干预；而若我们能够确保人们尽职尽责，那么类似这样的金融危机就可以被避免。

正如我在本书前文所述，2007年夏季有关次级贷款的“坏消息”实际上是很温和的，即使是预测抵押贷款违约率会高于预期，但也远非“金融危机”。但是事实证明，在局面恶化之下，再叠加回购协议融资体系产生的影响，便足以引起市场恐慌；大约一年之后，市场已陷入全面停滞。在金融扩张之后，金融恐慌往往会接踵而至，对金融机构及其资产负债表的质量产生广泛的不确定性。正是这种不确定性，特别是回购协议市场的不确定性，着实使金融市场陷入停滞，也迫使政府出面进行干预。关于金融危机的外源性假设，始终未能将这场估值危机内化于市场本身。鉴于对金融危机成因的外源性观点的主导地位，那些金融狂热、恐慌和崩溃，必须被归因于某一个或多个具体的失败事件，而不是被理解为繁荣时期下各种社会因素互动所产生的结果。这种世界观要求有必要找到那些没有做好自己本分工作的机构，让它们蒙羞，并且确保它们未来能行为端正。金融危机，必须要有外部的原因。评级机构介入了次级抵押贷款证券市场，那么将评级机构当作那个罪魁祸首可是个有吸引力的思路。

安然事件与全球金融危机的相通之处，在于金融创新的极端形式对金融危机的重要催生作用。在全球金融危机中，那些基于住房抵押贷款创生的证券有一小部分借款人的个人信用评级相对较低；而结构融资产品的持有人对证券底层资产质量却几乎没有了解。而全球金融危机与安然事件的不同之处，且令全球金融危机成为系统化现象的，并不是金融创新本身，而在于市场不确定性对证券市场估值的侵蚀。人们往往将安然公司视为一群在遥远的、俗称为“飞越州”的得克萨斯州从事非法市场操纵的“坏人”。但全球金融危机的本质，并不是非法行为或者穷人破产，而是处于全球金融体系核心的金融工程的不确定性，以及由此产生的集体性恐慌。就好像去影院看电影，好故事里的好悬念却被糟糕的对白、差劲的特效和拙劣的表演破坏了。

因此，即使有些评级人士认为评级机构在不断变化的环境中应对良好，但是我们已经可以看到，评级机构在金融危机期间受到了前所未有的批评和审视，这不足为奇。[15]美国国会的多个委员会、美国证券交易委员会、欧洲议会，以及欧盟委员会都对评级机构进行了调查。对于评级的道德恐慌的演变则十分有趣，因为自2006年《信用评级机构改革法》以来，评级机构业务已经面临着更为激烈的竞争。布雷顿森林时代式的监管演变成了后来的自我监管，从“警察巡逻”模式变成了“火警”的模式，但并没有消除政府在金融市场中的关键作用。公民仍然期望政府出手处理市场失败，在必要时充当最后贷款人的角色并调查罪犯，他们对此并不含糊。

显而易见的是，面对评级机构的道德恐慌，政府以改善评级机构的表现为目标行事，具体包括对评级机构采取纪律行动，或是将“公开羞辱”作为治理工具。[16]在社会精英与大众对国际市场感到失望时，他们将评级机构认定为恶棍，这一操作与美国投资银行在20世纪30年代遭受的诋毁如出一辙。[17]

自20世纪30年代以来，金融危机几乎总是伴随着关于谁是谁非的公众争论。此前，公众一般不会把经济情况责怪到政府身上；此后，公众便期望政府对经济和金融系统中存在的问题进行管理。不可避免地，平息众怒或责任转嫁的做法便层出不穷。在亚洲金融危机期间，亚洲政府及其商业领袖的腐败或“权贵资本主义”，被认定为应该对危机负有责任，哪怕“亚洲价值观”在前几年还被认为是地区经济空前增长的原因。在2001—2002年的安然丑闻中，审计师因没有揭露公司的财务欺诈行为而备受指责。全球性金融危机也大同小异，当时许多人受到了指责，但是受到指责最多的还是评级机构。

给评级机构画像

在2007年之后的几年里，将全球金融危机归咎于评级机构的“决心”仍不绝于耳。即便是到了2016年，线上线下的媒体还在发文，声称评级机构在制造危机中起到了“无可争辩的作用”[18]。这些文章大多对评级机构监管改革的“革命尚未成功”表示遗憾。[19]查尔斯·蒂利(Charles Tilly)认为：“与纯粹的信用相比，责备更能将有价值的我们和无价值的他们区分开来。”[20]也许这是因为感觉到了评级机构的失信，因为它们曾承诺，如果不确定性变为特定的风险会给出警示，但它们不仅失信，而且阳奉阴违。在蒂利看来，对评级机构进行激烈的责难，可以将两种道德水平的群体分开。通过指责另一方，可以证明“我自己与罪犯世界之间天渊之隔”[21]。这说明，金融界或是政府官员更愿意指责评级机构，以免有人将归责他们自己，或归责于金融系统本身。

人们对全球金融危机轶事的津津乐道，正是我们解读和记忆这些事件的重要方式。但是，这样的故事当然地“重构和简化”了所涉的社会过程，就像电影重构并简化了原著一样。[22]故事从来不是中立的，故事“带有强烈的责任归因倾向，因此适合于道德评价”[23]。正如评级机构与金融危机的故事一样，“对于实际产生人类社会生活的错综复杂的因果网络，故事不可避免地对其淡化处理或干脆避而不谈”，2008 年全球金融危机的故事也不例外。[24]

影视作品对评级机构的刻画首见于《监守自盗》（*Inside Job*），这是一部有关金融危机原因的专题纪录片，发行于 2010 年。[25] 2015 年的电影《大空头》（*The Big Short*）将评级机构作为主要刻画对象。电影中，一位笨手笨脚的评级高管，解释了为什么她的公司对一些结构融资工具进行评级，因为他们似乎面临着维持市场份额的压力。不过，最为深刻的当属纪录片《评级机构的力量》（*The Power of the Rating Agency*）。这部纪录片时长在一小时左右，发行于 2012 年，是荷兰公共广播组织（VPRO）的机构制作的系列节目《背光》（*Backlight*）中的一集。[26]

具有讽刺意味的是，正如本章题记，这部纪录片也以法国总统萨科齐开场——纪录片中，他似乎对 2011 年标普对法国主权评级的下调而心烦意乱。[27]纪录片的叙事观点是，鉴于评级机构在全球金融危机中所犯的错误，我们都应该对评级机构的“突然的、看似无限的、此前被隐藏的”权力感到震惊。在纪录片依赖专业知识的地方，情节安排大多深思熟虑，深刻精辟，其中也不乏一些本书中引述的人员。[28]这部纪录片还采访了葡萄牙的一位小城镇市长、纽约的一位交易员兼博主，以及一位住在塔霍湖(Lake Tahoe)附近的退休律师，他曾投资雷曼兄弟公司的债券。纪录片中，还有对两名葡萄牙记者的采访，内容重点是描绘葡萄牙主权评级下调后民粹主义思维和愤怒情绪的上升。一名记者向市长提问，评级机构是否关心国家和人民？它们究竟是关心该国的 1 000 万居民，还是只是试图通过降级向什么人证明什么？这位葡萄牙的市长在回答时强调，评级机构对他的城市缺乏了解，主权评级上限并不公正，甚至限制了城市评级。这表明，无论如何，评级机构都是导致全球金融危机的“主要原因”。接着，这位市长对镜头说，摆在我们面前的是一场全新的战争，一场关于金融的战争，在这场战争中，欧洲应该找到新方式，解决欧洲的担忧。一位德国评论员表达了他的思考，即对评级机构缺乏一致标准以及所存在的利益冲突深感担忧；不过随即他对评级机构近期对欧洲国家评级下调的客观性提出质疑，探讨“其是否只是基于尽可能打压欧洲势力的政治压力或战略”。退休律师罗恩·格拉西(Ron Grassi)谈及了自己对雷曼债券的投资，自己是如何像看“成绩单”一样看待债券的评级，以及自己投资亏损时感到的惊讶。[29]格拉西谈到了他对金融危机责任人未遭起诉的沮丧，以及“有时你必须站稳立场不退缩……球毫无征兆地传给我们了，我们应该坚持到底，让我们打好这场比赛”。格拉西对穆迪提起了诉讼。[30]穆迪公司前员工方斯（Fons）表示，若一桩诉讼能获得成功，就能让这些评级机构发生变化，因为这会影响到评级机构的声誉和财务状况，“这些评级机构可能会消失……这就是改变行业的力量”[31]。

尽管格拉西未能打赢官司，也没有人真正实现方斯所说的“可行结果”，但是荷兰公共广播组织的纪录片应该被视为一种对评级机构的公开归责。类似指责评级机构的行为让我们和金融系统本身，都可以指摘、责怪某个特定罪犯的具体行为，而不用去探究真正导致金融危机的复杂因果关系。

对全球金融危机的解释包括对金融危机的两种截然不同的理解思路。第一种理解思路是外源性方法，它将金融本身视为一种自然现象，是一台运转顺畅的机器却隔三岔五地（因外力而导致）出问题，而捣乱的可能是政府，也可能是一些无人可预料的事件，如战争或饥荒。另一种理解思路是内生性方法，认为机器式的金融观只是一种乌托邦。这种思路认为金融与所有其他人类机构一样都是人为创造的，因此集体性的理解、惯例和假设会周期性地引发狂热、恐慌和崩溃。因此，发生金融危机是正常的。尽管如此，即便是支持危机内生性观点的人也会承认，20 世纪 30 年代的大萧条和始于 2007 年的金融危机扩大了成为破坏世界政治稳定的全球性事件，这并不正常。

外源性理论显然有诉诸道德恐慌的冲动，从而暗示是机构辜负了公众。内生性理论的支持者则知道，金融存在自陷危机的倾向。因为外源性理论的前提是一种以市场为中心的、非社会的金融乌托邦形象，类似于一台不失毫厘的机器，所以外源性观点必须试图将问题归咎于偏差，归咎于少数人未能恰当履职，而不是归咎于全球金融体系周而复始的自我毁灭性这一社会性特征。

无论各国政府是否喜欢，它们都知道自己对金融稳定负有责任，它们也善于识别和惩戒那些在金融体系中未能尽职履责的机构。因此，“猎巫”将继续成为金融危机余波中的一个关键特征，各国政府都在忙不迭地推卸危机责任。

还有一个小结论：若要全球金融“更好地运作”，改革是必要的。而更重要的结论是，全球金融并不像我们认为的那样有效，最重要的动力是主体间共鸣的或集体共同拥有的想法，就像好莱坞电影一样，仅仅是调动资源或高潮技法并不能保证成功。鉴于政府监管机构、市场参与者和学术界都不愿正视全球金融固有的社会性和关系性，当未来危机出现时，我们还将看到此类操作，即以评级机构为便利替罪羊而大肆诋毁。以上这些评论，不应该被解读为试图为评级机构在金融危机中的作为开脱，而应该仅仅是为了使其免于史书中言过其实的指责，而这些史书所期望的精准度、预知性，都远远超出了评级体系的社会基础所能支撑的范畴。

注 释

1. 本章借鉴了 Timothy J. Sinclair, “The Queen and the Perfect Bicycle,” *Inside Story*, August 12, 2009, http://inside.org.au/the-queen-and-the-perfect-bicycle/; and Timothy J. Sinclair, “Round Up the Usual Suspects: Blame and the Subprime Crisis,” *New Political Economy* 15, no.1(March 2010):91—107。
2. Simon Jenkins, “A Tribunal Must Tell Us What to Fix. And Whom to Punish,” *The Guardian*, September 17, 2008, www.guardian.co.uk/commentisfree/2008/sep/17/eco-

nomics.banking.

3. Henry H. Paulson, press release, March 13, 2008, www.treas.gov/press/releases/hp872.htm,访问时间:2008 年 10 月 13 日。

4. S. Cohen, *Folk Devils and Moral Panics*, 3rd ed.(London: Routledge, 2002), xxiii; and Colin Hay, "Mobilization through Interpellation: James Bulger, Juvenile Crime and the Construction of a Moral Panic," *Social and Legal Studies* 4(1995):197—223.

5. J.K. Galbraith, *The Great Crash of 1929*(New York: Mariner, 1997 [1958]), 168.

6. Dow Jones, 2009 www.djindexes.com,访问时间:2009 年 3 月 3 日。

7. J.K. Galbraith, *A Short History of Financial Euphoria*(London: Penguin, 1993), 4.

8. Galbraith, 26—33.

9. R.F. Bruner and S.D. Carr, *The Panic of 1907: Lessons Learned from the Market's Perfect Storm*(New York: Wiley, 2007).

10. Laurence J. Kotlikoff, "The Big Con—Reassessing the 'Great Recession' and Its 'Fix,' " NBER Working Paper 25213(Cambridge, MA: National Bureau of Economic Research, November 2018).

11. George Akerlof and Robert Shiller, *Animal Spirits: How Human Psychology Drives the Economy and Why It Matters for Global Capitalism*(Princeton, NJ: Princeton University Press, 2009), 133.

12. George Cooper, *The Origin of Financial Crises: Central Banks, Credit Bubbles and the Efficient Market Fallacy*(Hampshire, UK: Harriman House, 2008), 9—13.

13. Watson, *Uneconomic Economics*, 25.

14. S. Bikchandani, D. Hirshleifer, and I. Welch, "A Theory of Fads, Fashion, Custom, and Cultural Change as Informational Cascades," *Journal of Political Economy* 100, no. 5 (1992):1016.

15. 2014 年 10 月 2 日,伦敦金丝雀码头,惠誉评级全球分析主管伊恩·林内尔(Ian Linnell)访谈。

16. Michael Moran, *The British Regulatory State: High Modernism and Hyper-Innovation*(Oxford: Oxford University Press, 2003), 1—11.

17. Galbraith, *The Great Crash of 1929*.

18. Deena Zaidi, "The Indisputable Role of the Credit Ratings Agencies in the 2008 Collapse, and Why Nothing Has Changed," *Truthout*, March 19, 2016, https://truthout.org/articles/the-indisputable-role-of-credit-ratings-agencies-in-the-2008-collapse-and-why-nothing-has-changed/,访问时间:2019 年 10 月 16 日。

19. Gretchen Morgenson, "Ratings Agencies Still Coming Up Short, Years after Crisis," *New*

York Times，January 8，2016，https://www.nytimes.com/2016/01/10/business/ratings-agencies-still-coming-up-short-years-after-crisis.html，访问时间：2019 年 10 月 16 日。另见 Gretchen Morgenson and Joshua Rosner，*Reckless Endangerment：How Outsized Ambition，Greed，and Corruption Led to Economic Armageddon*（New York：Times Books，2011）。

20. Charles Tilly，*Credit and Blame*（Princeton，NJ：Princeton University Press，2008），ix.
21. Tilly，6.
22. Tilly，21.
23. Tilly，21.
24. Tilly，21.
25. 由查尔斯·弗格森（Charles Ferguson）导演，索尼经典影业（Sony Pictures Classics）发行。
26. 荷兰公共广播组织在方法上不成熟，但资源非常充足。摄制组在制作这部电影的过程中，访问了几个国家。我在这部纪录片中接受了采访，穆迪欧洲主权评级公司前董事总经理戴维·莱维在这部纪录片中也接受了采访。我用纪录片制作人的字幕，翻译成英语。可在以下位置查阅：https://www.youtube.com/watch?v = eyiy9TQNQYQ&list = PLuECoz9_QThSQUiuXN3gxK7sWvvqkDJmJ&index = 7&t = 2463s，访问时间：2019 年 10 月 22 日。
27. 与美国主权评级下调一样，法国评级的下调时，对于标普的分析“错误”，也是争议不断。
28. 除了莱维，杰尔姆·方斯（Jerome Fons）在纪录片中也出现了一定的篇幅，他就这本书，接受了作者的采访。
29. 将学校中学生成绩和评级等级之间进行类比，可能是基于这两种情况，使用类似的符号。但学校里学生的成绩与过去的行为有关。评级是关于预测未来的。评级更类似于推荐信，而不是打分等级。
30. 2013 年底，格拉西的法律诉讼上诉失败。参见“Ronald Grassi v. Moody's Investors Service，11-17455（9th Cir. 2013），” Court Listener，https://www.courtlistener.com/opinion/1042795/ronald-grassi-v-moodys-investors-services/，访问时间：2019 年 10 月 21 日。
31. 也许它们可能会消失，但它们并没有。即使是与美国司法部达成的实质性和解，也没有引发方斯所预期的结果。截至本书撰写之时，与波多黎各市政债券违约相关的法律诉讼仍在进行中。Richard Lawless，“'Small Claims Court' Lawsuits Could Cost Wall Street's Credit Rating Agencies Billions，” *Rockland County Times*，December 5，2019，https://www.rocklandtimes.com/2019/12/05/small-claims-court-lawsuits-could-cost-wall-streets-credit-rating-agencies-billions/，2019 年 12 月 7 日访问。罗克兰县位于纽约市北部的哈德逊河流域。该法律案件在加利福尼亚州高等法院审理。

我们迟早也都会离开这儿的

8

尽职调查时，发生了特别令人不安的事情……银行团队成员之间小声地说一声"IBG YBG"，就能找到展业的办法，即使投资者或（银行）将来会为此付出代价。暗示的意思是，"别担心，出问题时我们早就走了"。

——乔纳森·A.尼，《半路出家的投资银行家》

摔倒七次，爬起来八次。

——理查德·J.塞缪尔斯引用的《江户时代格言》，第3部分，第11章，《日本的灾难与变化》，2013年

我们被告知，既然人们对那些缺乏可信度的价格更加了解了，那么将一组更合理的数字插入估值模型就容易多了……这使得人们可以得出这样的论点：随着我们已更了解何种证券结构能获得强劲的估值，那么资产证券化理应重新起航。

——马修·沃森，《不经济经济学与模型世界的危机》，2014年

全球金融危机已经过去十多年了，可以这样说，主流美资评级机构的日子是从未有过的滋润。尽管全球金融危机期间，三大评级机构经历了风雨，但是它们如今已是前所未有的庞大，也前所未有地富有。它们攫取的丰厚利润堪比全球顶尖企业。但是正如本书指出的，全球金融是一个动荡的世界，没有任何一家评级机构会知道什么又会引发对其行业声望地位的下一轮攻击，也不知道哪桩丑闻可能会被抓个像安达信一样的现行，敲响丧钟。[1]信用评级这个行业可能看似平静，甚至有些书生气，但经过多年的变迁早已面目全非。评级机构是否从这一次的经历中吸取了教训？未来几年，会出现一个新的、更具反思性的评级行业吗？这个新的评级行业会成为那些尚未问世的极端金融创新形式的解药吗？评级机构是否会回归一个多世纪前约翰·穆迪（John Moody）建立的保守评级方法？

谜团以及争论

我在本书中探索了三个谜团。第一个谜团是，金融危机之前，为什么评级机构将自己的行业声望地位置于危险境地。金融机构选择错误是很正常的，这本来就是生活的一部分，并不令人困惑。但令人困惑的是，评级机构作出的选择似乎破坏了自己存在的理由，至少在外界看来是如此，这就很让人费解了。其中典型案例当属评级机构为其客户提供结构融资产品设计方面的建议，以期得到某个特定的评级结果。由于评级机构的主动作为，曾经外界公认的评级机构作为非利益相关方的良好口碑就不复存在了，评级机构必然面对行事偏颇的指摘。这些指摘主要是公开批评评级机构存在的固有利益冲突，即它们因债券评级而从债券发行人那里收取费用。为什么这些机构甘于拿自己的声望地位冒如此风险？为什么它们看不到这种活动具有潜在的自我毁灭性？这些评级机构几十年来一直坚定不移地奉行保守主义，而究竟是什么因素推动它们如此戏剧性地改变了自己的行为？

第二个谜团是，这些机构又如何得以幸存？尽管通过向发行人建议如何安排所发行证券的结构以实现特定的评级结果，此种操作削弱了评级机构自己的声望地位，但它们还是设法避免了安然公司倒闭后，安达信会计师事务所被吊销执照的下场。事实上，自金融危机以来，评级机构蓬勃发展，并在始于 2010 年的欧洲主权债务危机期间再次“大发神威”。为什么评级机构可以看似毫发无损地幸存下来，未遭到被替代或更换的命运？为什么改革的措施毫无实际内容可言？如果有多种方式让评级机构重新发挥其利益中立的逆周期作用，以抑制市场波动来为投资者提供保证，为社会提供公共产品，那么它们的发展前景又将会如何？

最后一个谜团是，为什么对金融危机的外源性归因理论，仍然继续主导着对全球金融危机的解释，也主导了对评级机构在危机中所作所为的解释。鉴于全球金融危机的深度和广度，你或许会认为那些主流或处于支配地位的金融危机解释应更系统化，考虑金融体系本身到底出了什么问题，正如对大萧条的研究一样。但是，上面所说的一切在 2007 年并没有发生。人们没有批评社会对金融的痴迷程度，哪怕这个行当的兴衰历史是尽人皆知，但人们还是认为应该有人为此负责。对危机的外源性研究方法，仍然是主流观点，它继续主导着评级机构在危机中所起作用的集体性理解。

评级机构赌上自己的声望地位，从其长久以来的保守角色转变为现在的顾问角色，指导客户他们需要什么才能获得他们创建的结构融资产品所需的评级等级。评级机构究竟为什么这么做?我们需要弄清楚的是，是什么使得长期以来根深蒂固的保守评级心态，以及几十年来在这些华尔街机构建立的制度和习惯被打乱了。为什么这些评级机构接受其在结构融资中角色的改变，甚至冒着其评级声望地位毁于一旦的风险？我分析认为，评级机构之所以会出现这样的角色转变，是因为安然事件后信用评级机构对业务前景感到不确定。在金融创新的大背景下，评级机构不知道在下一个路口有什么灾难在等着它们。在这种情况下，评级机构固有的业务操守似乎不再重要。穆迪公司当时征求了市场对其自身及其所推出评级结果的意见。评级机构曾有机会坚持自己的立场，甚至变得更加保守。但它们却没有这么做。它们作出了大幅改变，变化涉及方方面面，几乎面目全非。

惠誉的崛起加剧了这种不确定性的严重程度。惠誉将一个安逸的双头垄断格局变成了三头垄断，这些评级机构对其市场份额的萎缩也因此变得非常敏感。在双寡头垄断格局下，穆迪和标准普尔能确保对每只证券都进行评级，因为证券通常需要两个评级。但同样的规范意味着，一旦惠誉成为发行人的可能备选项，三大评级机构中的一家将会丢单。如果惠誉未能晋身“三大”，那么评级机构很可能与结构融资还保持着一种更正常的关系，结构化金融也可能永远不会成为后来的模样。

我的第二个论点，涉及这些评级机构的“幸存”问题。尽管这些评级机构铩羽而归，但它们并没有消亡，也避免了安然公司和安然的审计公司安达信那样的命运。穆迪、标普和惠誉仍然利润颇丰。这些评级机构的幸存可能有赎罪或救赎的因素，最令人感兴趣的是，尽管困难重重，但这些评级机构仍然长时间地运行如常。这些被指控行为严重不当、履职无能、腐败横行的评级机构，是如何继续存活下来的？此类得以存活的机构与那些灰飞烟灭的机构，两者之间究竟有什么分别？

评级机构能够持续存活，可以从两个方面解释。第一个方面与内环境自平衡有关。尽管我们认为评级机构有这样那样的缺点，但是并无他人能做得更好。另一个方面则关乎三大评级机构的持续性主导地位。自金融危机爆发以来的几年里，尽管美国和欧洲当局将责任归咎于三大评级机构，并努力开放评级市场，但是穆迪、标普和惠誉这三家头部机构都没有给规模较小、知名度较低的评级机构让出市场份额。三大评级机构仍然继续占据着主导地位，这反映了在评级领域某些机构的判断必然比其他机构的判断更有分量的必要性，而这也是市场参与者实际想要的东西。如果评级结果对投资者有任何影响力或权威性，那么这种向一小部分评级机构的倾斜可谓至关重要。市场份额集中在少数几个机构手中，折射出评级体系究竟其用户提供了什么的问题。这种声誉是排他性的，对存量机构也更为有利。

我的最后一个论点在第七章《补遗》中提出，它与外源性危机观具有持续生命力的原因有关。正如我们在评级机构和金融危机案例时所见，政治家、监管机构、专家、金融或大众媒体的评论都共同地认定了某个坏人或某个恶棍，而这种认定坏人的做法的最好理解是，这其实是对类似全球金融危机这样复杂、大规模的失败中，进行心理“安抚”。把矛头指向坏人，为公众和业界愤怒情绪提供缓解途径。在提出这一论点时，我并非主张评级机构是“无可指摘”的。寻找坏人和疗效有限的“创可贴”式解决方案，是为了保护社会大众对更广泛金融系统的一致性和合法性的集体信念，减缓系统性失败所造成的损害。将注意力放在金融体系以外机构的安抚策略，其优势在于目标明确，措施具体，并且由此能够将注意力转移到核心金融市场本身以外的事情的失败上。“金融体系本身不是问题，有问题的是与金融体系互动的那些人类机构”，这种对危机原因的外部或外源性视角正是强化了这样一种观点。

评级机构应该受到指责吗？

对金融危机的萌发，评级机构至少有三点至关重要的直接作用。首先，如何将未来事件纳入评级是个问题。评级不能仅仅假设世界末日已迫在眉睫。进行评级是需要预期某种正常、合理的未来。如果评级总是假设世界末日，那么在其他条件相同的情况下，就很少会有(如果有的话)评级结果高于“投机级”等级了。与危机爆发前的所有其他机构一样，评级机构很大程度地预设了“连续性”。它们考虑了商业的周期性衰退，正如几十年来它们对公司债券进行的评级那样。但评级机构没有做到的，是预测到一场深刻的、地域广泛的市场危机。它们假设未来情况将会大致相似，因此低估了变化，这种思维后来被证明是一个错误。除了评级机构，这也是许多企业和政府所犯的一种错误。预测未来很难，而预测未来的具体特征则更难。

评级机构对金融危机爆发的第二个作用，是一项奇怪的事实，即评级机构并未对于原始金融资产——支撑住房抵押贷款支持证券的抵押贷款进行评级。尽管大多数人认为评级机构是这么做的，但评级机构的评级对象则是另有其物。评级机构所评的，是针对这些抵押贷款所产生资金流的申索权利。这样做的逻辑是，信托可实现申索权的法律区隔，而信托的特点正是将资产的债权进行分层安排。于是，对现金流的法律追索权而言，某些层级的债券会高于其他层级（因此，这些层级的债券，对于抵押贷款偿还人所支付的本息现金，具有更高顺位受偿权）。对于具备最强申索的债券层级来说，这是其获得"AAA"级评级的基础。证券分层设计的想法是，即使评级较低的债券分层出现违约，"AAA"级所对应层级债券的还本付息也不会受影响。但是随着情况的进一步恶化，这种信用保护模式被证明并不可靠，已被证伪。

评级机构对金融危机的第三个贡献，是各机构的"自毁长城"，我对这一点尤其予以重视。传统的解释是，这些评级机构纯粹在追逐金钱，因此它们对所有产品给出较高评级，以赚取高额费用。这种"贪婪论"还衍生出了一个变体，即使用了利益冲突的说法。利益冲突，着重于这样一个事实，即评级机构是由证券发行人来支付评级服务费用的。存在利益冲突的理由是，这种收费模式会激励评级机构提高评级等级，以让那些为评级买单的人满意。这种论点颇为流行，尽管它并不能解释为什么这些利益冲突自 20 世纪

60 年代末便存在，但在 2007 年突然爆发了问题。我们需要理解的，不仅仅是贪婪，事实也并非如此。相反，我的观点是：评级机构不再担任“法官”的角色，而是开始担任“顾问”的角色。20 世纪，评级机构的关键作用在于提供公正的建议，并借此在债务市场中扮演裁判或法官的角色。这个角色类似于审计师。现在，评级机构开始就如何安排金融合同，以满足不同证券层级的门槛，以及相应各自层级的资金流要求，向发行人提供建议。评级机构向客户提供关于如何构建此类金融工具的建议，这种做法威胁到了评级机构作为其他金融工具公正法官的地位。缺乏必要的距离，致使自己不能预测危机，对发行人信贷质量的审查不力，以及非常重要的是，在危机关键时刻对它们自己的判断持怀疑态度，尤其是在机构批评者煽动起利益冲突的言论时为甚。事实证明，评级机构没有坚持其核心职责，是一个灾难性的错误。

政府能在未来的评级体系中起到什么作用？

从历史上看，各国政府在评级行业上的作为可谓微乎其微。除了 1975 年在美国引入国家认可统计评级组织外，直到 2006 年《信用评级机构改革法案》出台，评级机构才开始受到有意义的监管。其中的大部分条款，包括五年后出台的《多德—弗兰克法案》，都没有什么实质性的意义，最多可以描述成“填表打勾”式的监管。在监管规则逐项核查成为构成要件的情况下，正如《多德—弗兰克法案》为推翻评级机构的“言论自由权”所做的努力一样，这些规定没有得到系统的推进，也没有持续多久。

在世界各地的所有政府机构中，美国证交会对评级界的困境展现出了最深刻的理解。其他监管机构对评级所面临挑战的理解就没有那么清楚。即使少数政治家对金融创新的理解充分，但他们对什么是评级以及评级体系的运作方式也很难有清晰、有效的把握。[2]一方面，在这种情况下，建立一个新的国际组织来监管评级机构似乎并非什么好主意（而且可能性近乎为零）。另一方面，正如日本评级机构的发展所示，政府可能在支持或鼓励发展本土新评级机构方面发挥有益的作用。[3]

为什么社会基础观点对理解评级机构至关重要

直到20世纪90年代中期，商学院的金融经济学家一直主导着有关评级机构的学术性文章。过往，这些工作通常试图确定哪些是定级工作的核心事项，哪些并非核心事项，由此帮助债券发行人获得更好的评级并降低融资成本。这项工作及其当代版本均认为，评级是或应该是一个技术性的事情，类似于汽车装配或牙髓根管治疗。这种期望的更深层逻辑，就是假设评级有正确和不正确的方法，类似于安装火花塞或游仰泳一样，方法都有正误之分。

如果事情可以这么简单就好了。事实证明，这种理解评级的方式，其真实性有限。不出所料，沿着这一思路，监管当局在解决评级谜团方面进展甚微。大多数人对于评级的理解方法，都趋于共时性的。这种关乎解决评级问题的认知方法，关注系统特性。

如果系统的属性稳定不变，例如汽车发动机，那么使用这种方法有意义。对于思考解决世界上的许多实际问题，选择使用共时性方法都很明智。比如在设计公寓楼和食品搅拌机时，将系统属性视为固定，在大多数情况下都有意义。

而倘若去探究社会领域中的机构，则需要一种不同的方法，因为社会生活比自然界更具动态性。历时性方法表明，了解一个系统（如特定机构）的属性，只是获得全貌的第一步。我们还需要了解该机构本身发生变化的可能性。这意味着，我们需要一种更长期的、动态有机的方法，才能够认识到在不同的情况下，事情可能会朝着不同的方向演变发展。未来并不会被系统的特性所框定，尽管这些特性可能会使某些结果比其他结果更有可能发生。

对于机构的有关思考，除了采用这种更具历史性、进化性的方式并进而能够解释它们的适应性和持久存活的现象之外，我们还需要采用我所说的社会基础方法。这种思维方式的精髓可以在凯恩斯的"小报选美比赛"中找到。凯恩斯认为，金融市场的人们不会孤立地考虑投资的基本价值。相反，他们的侧重点在于如何在市场上胜过对手。自凯恩斯时代以来，通过金融投机赚钱的计算技术得到了极大的发展。这些计算工具"表面上是科学的、合法的，而且超越了简单的推测活动"，对其信心是社会基础方法的一个重要方面。[4]

集体性思维，包括计算技巧，是评级产品的基础。与钢铁制造商甚至银行不同，评级机构没有有形的产品。它们拥有的只是良好的判断力，以此衍生出一种无形声誉。虽然在某些情况下，评级会由包括美国在内的各国政府进行强制要求，但穆迪、标普和惠誉在评级市场上掌控了绝大多数业务，原因在于其他机构与这三家全球性机构所掌握的这种集体性思维基本无缘。有些评级机构很重要，但大多数评级机构微不足道。

金融创新制造问题

自 2007 年后，数年内对于全球金融危机的讨论，都围绕着新型金融证券、结构融资。结构融资远不如债券或贷款等概念直观。如果公司发债后，因不能按时还本付息而破产，那么购买债券的投资者则有权针对这家债券发行公司的所有资产进行追索。但结构融资并非如此，因为信托在借款人和贷款人之间的融资行为中扮演了居中角色。如果信托基金失败，贷款人对基金背后公司的资产并没有追索权。

除此之外，一个全新业态——金融衍生品粉墨登场了。衍生品为这些信托提供了保障，也允许交易员通过在二级市场买卖来获利。后来，金融危机全面爆发，结构融资的概念和实质都面临挑战，连一些身居高位的银行家被问及这些金融工具时竟然无法给出令人信服的答案，无法说明这些新型金融产品究竟是如何运作的。许多观察人士将全球金融危机归咎于结构融资。

与债券一样，结构融资是对出借人或投资人的一种还款承诺。筹集资金选择通过出售结构性证券，而不是传统债券，其主要动机是在于降低发行人的借贷成本。与单一公司的信用相比，建立一个多元化的资产池具有更大的现金流确定性，如此发行人的融资成本就能降低。这也意味着这样的信托基金将可以获得更高的信用评级，使发行人出售担保债务凭证（CDO）等结构性金融工具的成本要低于其他融资方式。根据预期的长期损失，设定出一种保护结构，由此可以依据投资者对风险的不同偏好，赋予不同证券分层不同的收入流权利。将其与新兴市场的债务证券进行比较，后者的损失风险可能是更不确定的，而且是无法计算的。

回购协议——这一在金融危机期间被忽略的关键现象，却在近来危机评估中越发受到关注。它将 2007 年和 2008 年不断升级的市场不确定性，放大为具有真正全球性影响力的大规模事件。结构融资本身并不构成全球金融危机的原点，尽管坊间关于这一金融创新的文章已是汗牛充栋。真正毁掉一切、导致恐慌的，是回购市场使用了结构融资产品，这是全球金融危机的“真正的心脏”。传统上，回购市场对贷款的超高质量的抵押品给予溢价，而首选的抵押品就是美国国债，因为它们的信用质量无可比拟。但随着回购协议市场的发展，包括结构融资在内的券种都被用作抵押品。回购市场当时规模巨大，一直到雷曼兄弟倒闭之前，每天抵押品的发行量都以数万亿美元计。事实也证明，一旦出现恐慌，回购市场就会变得非常脆弱，无法按照预期正常运转。

现在评级体系有所变化了吗？

自全球金融危机爆发以来，我在与评级机构人员交谈时常观察到，他们对不断出现的针对他们的渎职指控感到愤怒。这多少带有宿命论的色彩，因为很明显，其他人已经对评级机构的“累累罪行”公开定罪了，而评级机构自己无论如何巧舌如簧都无法自行脱罪。正如穆迪前员工哈灵顿在第七章开头的警句中表明的那样，愤怒和宿命论被转化为了坚定的决心，尽管预期到他们无论做什么都会受到诋毁，他们也要竭尽全力，做好自己的工作。这种情况并非评级界独有，其他行业的专业人士也同样面临这些困境。想想缓刑监督官（或者，实际上刑事司法系统的任何一种职位也是如此），各地的公司律师和税务会计师，美容整形外科医生，以及政党组织者，等等。他们其实谁也“赢不了”，他们知道这一点。

评级机构需要向美国证交会和欧洲证券及市场管理局递交所要求的信息，并实施新的内部检查和质量控制，而这些必然带来更高的合规成本。当然，评级机构极高的利润率使其能负担这些成本。正如我有时在考虑本人专业时所产生的想法，我认为所有这些工作都是让人消沉的、是有破坏性的，它们破坏掉了评级机构工作中真正的、实质性的敏锐性，破坏掉了它们对投资做出的贡献。如果你对一项活动实施了许多新的监管规则，但是并未以建设性的目的深入触及所监管行业本质规则的核心，那么监管的结果就不会有效，而只会导致相关专业人员无休无止的“救火行动”。这就是我们在评级行业所面临的情况。

至此，我“希望”能够得出这样的结论：评级机构已经回归至评级本身的历时性的根源，并能够遏制全球金融中的短期主义和过度投机。毕竟，这就是 1907 年金融崩溃后信用评级能够如此迅速成功的原因。它提供了一种消息通达的，但非常不同的金融思考方式，其效用也是显而易见的。但事实上，随着结构融资的发展而生根发芽的共时性评级，其存在就离不开评级机构的积极参与，而这种评级模式并没有消失。[5]

我们希望从评级中得到什么，以及我们又应该得到什么

这场全球金融危机的诸多重大事件发生十多年后，许多人仍然对各大评级机构感到不满。人们对未来的确定性的期望，似乎比评级机构能够提供的要大得多。罗恩·格拉西(Ron Grassi)将信用评级比作成绩单便格外发人深省，因为成绩单载列的是学生的成绩，这是关于过去学业表现的信息；而评级是对未来的预测，是一种基于证券发行人的业绩记录(或称作成绩单)而做出的对未来的估计。人们似乎拒绝接受评级具有的不确定性，并坚持认为评级在某种程度上应该像历史信息一样严丝合缝。

之所以会出现这种看待评级机构的视角，其背后是对金融市场的运行机制的理解问题。金融被理解为像一台机器，或像宇宙中行星的运动体系。这种对金融市场的看法，与我在第七章中讨论的金融危机外源性解释密切相关。评级机构本身虽然不是金融机构，但是谈到什么是金融体系、金融体系又是如何运作的，评级机构往往存在其中。

如果人们追求确定性，他们还是会对评级体系的产出感到不满。评级就像所有关于未来的思考一样，无论我们如何修补分析模型；本质上，评级不可避免地具有投机性。评级与演讲相似，后

者关键之处在于演讲者的身份。有些演讲者比其他人更有权威，正如部分评级机构——比如三大评级机构——比其他评级机构具有更多的认知权威性。即便是美国取消了国家认可统计评级组织，也并不会显著改变这一行业格局。但作为提高公众对信用评级理解的重要一步，应当取消政府机构认证制度，从而降低进入评级市场的壁垒。[6]这不会使评级消失，但随着时间的推移，人们至少不会因为使用信用评级而指责政府，并且可能会更加审慎地使用信用评级。[7]这种做法，实际上可能会鼓励人们以更宽广的视角看待评级机构，并与我在本书中倡导的社会基础方法更加契合。

当然，我们还可以对美国和欧洲政府对信用评级的干预继续进行调整。这是美国证券交易委员会和欧洲证券及市场管理局的工作。此类政府干预工作以透明度和竞争格局作为重点，而由于我在第六章中讨论的原因，这方面工作迄今为止影响有限，而且未来可能的增益或许同样乏善可陈。将重点放在监管规则，即那些对先前存在的体系进行监管的规则上面，这实际上只能产生小幅度的调整。有些工作立意则更加高远，比如改变评级体系的付费模式，或者是对现有的分析模型质疑，这些都超出了大多数决策者所希望介入的范围。作为朝着正确的方向迈出的一步，应该是要求评级机构以实际行动证明，他们更像是“巡逻警察”而不仅是“火警警报器”，评级机构需要努力寻找财务困难的证据，并在问题露头时予以掐灭。[8]

对于评级的目的，我持有的是传统的历时性和逆周期观点。如果我们回顾 20 世纪 20 年代，当时评级刚刚从亨利 · 瓦努姆 · 普尔（Henry Varnum Poor）创立的铁路债券记录中脱颖而出，并成为一种不被政府使用，不受政府监管的市场期许；考虑到这种历史背景，我认为我们拥有信用评级所能提供的最好模式。我们可以借鉴罗恩·格拉西(Ron Grassi)对成绩单的错误类比。鉴于政府不愿意告诉这些评级机构它们到底开展的是什么业务，我怀疑这些答案需要这些机构自己来回答。评级机构可以公开放弃对未来的预测，转而关注证券发行人的历史记录。由此，投资者只需根据发行人的历史还款记录，即可自行决定未来是否有意对它们进行投资。这种类型的评级，我们可以称为“历史性评级”，或给予其类似的称呼，但是此种类型的评级对结构融资不起作用，原因在于债券各层级之间的评级差异是至关重要的。

但这也许是一件好事。

评级研究

自20世纪90年代中期，评级行动开始影响澳大利亚和加拿大等富裕国家以来，对评级机构的研究数量显著增加。此后，安然丑闻、全球金融危机和欧洲主权债务危机相继爆发，极大地凸显了评级机构在其中所起的作用。鉴于人们对评级机构的商业模式以及评级过程本身的担忧，我们应该期望看到，未来会有更多的学者和研究人员就这些问题开展更多的研究工作。但是，综合考虑我在本书所做的分析，如果采用以市场为中心的方法来研究评级机构，我觉得这些新的研究工作并不会对知识或实践变革产生任何重大贡献。

我主张在两个领域进行研究。首先是按照地理范围和功能维度对评级体系的分布情况进行调查。新兴市场社会的评级业务增长很有趣，因为不同文化背景的人，行事方式不同。目前，这些新的评级机构暂时还不重要。它们不会对三大评级机构的市场份额构成威胁，而且在未来几年内也不太可能。但是，就像中国的增长一样，有时情况会变化得很快。因此，这一领域的研究必须非常具有前瞻性，寻找那些在情况允许时可能会开始取代三大评级机构的地位的方式方法。我们不知道这些方法会是什么，但我们需要在它开始发生时做好准备。除了对地理范畴的关注之外，我们还需要考虑评级体系向其他功能渗透的趋势，以明确对未来评级功能的预期。

我认为值得关注和研究的第二个领域，是关于为什么人们对评级能够实现的目标有如此夸张的看法。对于评级可以告诉你未来会发生什么的那些想法，我怀疑，与我在第七章中讨论的关于金融和金融危机的外源性观点的持续主导地位有关。考虑到预测未来的不确定性，特别是叠加金融创新的效应，这些乌托邦式的想法是有悖常理的。本书曾提及我之前与门尼洛(Mennillo)的合作研究中，我对三大评级机构享有的权威和业界主导地位做了一些构成机制方面的探讨。具有讽刺意味的是，在过去的三十年里大多数富裕国家的风险社会化程度降低了，例如养老金模式从固定福利变化至固定缴费，人们比以往任何时候都更加依赖评级，即使评级的局限性已经昭然若揭。我们似乎又回到了这样的想法：像评级这样的智力工具可以，而且必须，对我们起到“拯救”作用，帮助我们免遭充满不确定性的未来的伤害。结合我在撰写本书过程中查找到的资料，这种变化对我来说似乎是一种危险的趋势。

评级之谜

评级机构似乎对我们贡献良多，使它们魅力非凡。“窥探不确定的未来”的想法令人神往。“评级只应是投资决策过程的一部分”这样的小字警句，我们总是忽略，或是不以为意。经历溃败后，评级机构起死回生。显然，很少有人真正了解评级能给我们带来什么，政府和市场中人对评级体系的期许已超出其真正的供给，而当评级失败时，他们却感到惊讶和失望，这种情况屡屡发生。他们不愿意接受的是，金融体系本身很容易出现繁荣和萧条的循环，而对不可知的未来进行任何分析（这是评级的核心价值）都不可能消除这种盛衰循环，这一点金融史其实早已有揭示。这种盛衰循环正是金融危机的故事主线，而评级机构其实是这一进程的下游参与者。但认识这些内生性的问题，即要认识到金融不是一台简单的机器，而是按照自身能力运行、经常失控的社会机构，似乎超出了绝大多数人愿意接受的范围，因为这样的认识会对我们组织社会的方式形成巨大的冲击。

过度拔高评级机构预期的这一“真正问题”生于牛市，牛市滋生了乐观的情绪，人们似乎认为自己无所不能。正如我们所看到的，牛市来临，叠加保持业绩的压力，那些关于评级拥有“神力”的乌托邦式的想法，从市场上悄然潜入评级机构内部。至此，凡事几乎皆有可能。

关键机构(如评级机构、银行、制药公司、核心公共机构,甚至大学和研究机构)的聪明人士,在自己的工作中感受到了这些压力。他们参与制定战略,管理期望,同时对自己每天所做的工作进行质量管理。然而,正如本书所揭示的那样,这些努力并不总能奏效。在充满动荡和不确定性的全球金融的压力之下,未来评级之谜可能会继续存在下去。

注 释

1. 2020 年出现的全球新冠疫情,是一系列威胁评级机构的事件的最新例子。参见 Huw Jones, "EU Watchdog Cautions Rating Agencies over Knee-Jerk Downgrades in Pandemic," *Reuters*, April 9, 2020, https://www.reuters.com/article/health-coronavirus-eu-regulator/eu-watchdog-cautions-rating-agencies-over-knee-jerk-downgrades-in-pandemic-idUSL5N2BX383, 访问时间:2020 年 9 月 25 日。
2. Paul R. La Monica, "Elizabeth Warren Wants the SEC to Crack Down on Moody's and S&P," *CNN Business*, September 27, 2019, available at https://edition.cnn.com/2019/09/27/investing/elizabeth-warren-sec-ratings-agencies/index.html,访问时间:2019 年 12 月 8 日。
3. Fumihito Gotoh and Timothy J. Sinclair, "Social Norms Strike Back: Why American Financial Practices Failed in Japan." *Review of International Political Economy* 24, no.6(2017): 1030—1051.
4. 保罗·兰利(Paul Langley)给作者的电子邮件,2019 年 1 月 8 日。
5. Cezary Podkul and Gunjan Banerji, "Inflated Bond Ratings Helped Spur the Financial Crisis. They're Back," *Wall Street Journal*, August 7, 2019, https://www.wsj.com/articles/inflated-bond-ratings-helped-spur-the-financial-crisis-theyre-back-11565194951?mod=article_inline,访问时间:2019 年 12 月 8 日。
6. 对于取消 NRSRO 认定的讨论,见 Richardson et al., "Credit Rating Agencies and the Financial CHOICE Act," 173—178。
7. Cheryl Evans, "What Makes You So Special? Ending the Credit Rating Agencies' Special Status and Access to Confidential Information," *Valparaiso Law Review* 46, no.4(2012):

1091—1137.

8. Matthew D. McCubbins and Thomas Schwartz, "Congressional Oversight Overlooked: Police Patrols versus Fire Alarms," in *Congress: Structure and Policy*, ed. Matthew D. McCubbins and Terry Sullivan(New York: Cambridge University Press, 1987).

图书在版编目(CIP)数据

崩溃边缘:美国的评级机构与金融危机/(新西兰)蒂莫西·辛克莱(Timothy J. Sinclair)著;张文韬,郭茁芊译.—上海:上海人民出版社,2023
书名原文:To the Brink of Destruction: America's Rating Agencies and Financial Crisis
ISBN 978-7-208-18250-9

Ⅰ.①崩… Ⅱ.①蒂… ②张… ③郭… Ⅲ.①信用评级-机构-研究-美国 ②金融危机-研究-美国 Ⅳ.①F837.124 ②F837.125.9

中国国家版本馆CIP数据核字(2023)第066135号

责任编辑 王 琪
封面设计 人马艺术设计·储平

崩溃边缘:美国的评级机构与金融危机
[新西兰]蒂莫西·辛克莱 著
张文韬 郭茁芊 译

出 版 上海人民出版社
(201101 上海市闵行区号景路159弄C座)
发 行 上海人民出版社发行中心
印 刷 上海商务联西印刷有限公司
开 本 635×965 1/16
印 张 14
插 页 4
字 数 143,000
版 次 2023年7月第1版
印 次 2023年7月第1次印刷
ISBN 978-7-208-18250-9/F·2804
定 价 68.00元

To the Brink of Destruction: America's Rating Agencies and Financial Crisis
By Timothy J. Sinclair
Originally published by Cornell University Press